U0462950

北京文博

文 丛

二〇一九年第四辑

北京市文物局　编

北京燕山出版社
BEIJING YANSHAN PRESS

图书在版编目（CIP）数据

北京文博文丛. 2019. 第4辑 / 祁庆国主编. –– 北
京：北京燕山出版社, 2020.9

ISBN 978-7-5402-5807-8

Ⅰ. ①北… Ⅱ. ①祁… Ⅲ. ①文物工作 – 北京 – 丛刊
②博物馆 – 工作 – 北京 – 丛刊 Ⅳ. ①G269.271-55

中国版本图书馆CIP数据核字(2020)第177391号

ISBN 978-7-5402-5807-8

9 787540 258078 >

北京文博文丛·2019·第四辑

出版发行：北京燕山出版社有限公司

社　　址：北京市丰台区东铁匠营苇子坑138号C座　　100079

责任编辑：郭　悦　任　臻

版式设计：肖　晓

印　　刷：北京画中画印刷有限公司

开　　本：787mm × 1092mm　1/16

印　　张：8

字　　数：181千字

版　　次：2020年9月第1版

印　　次：2020年9月第1次印刷

ISBN 978-7-5402-5807-8

定　　价：48.00元

北京文博

2019年第4辑（总98期）

主办单位：北京市文物局

编辑出版：《北京文博》编辑部
　　　　　北京燕山出版社

网址：http://www.bjmuseumnet.org

邮箱：bjwb1995@126.com

目录 | Contents ||||||||||||||||||||||||||||||||||||||||||||||||||||||||||||||||||||||

《北京文博》编辑委员会

顾 问：吕济民
主 任：李伯谦
副主任：舒小峰　孔繁峙　王世仁
　　　　齐 心　马希桂　吴梦麟
　　　　信立祥　葛英会　靳枫毅
　　　　郭小凌

编委会委员：（以姓氏笔画为序）
于 平　王 丹　王 岗　王丹江
王玉伟　王有泉　王培伍　王清林
卢迎红　白 岩　向德春　刘素凯
刘超英　关战修　许 伟　许立华
宋向光　杨玉莲　杨曙光　李 晨
李建平　肖元春　何 沛　范 军
哈 骏　侯兆年　侯 明　郜志群
高小龙　高凯军　郭 豹　韩 更
韩战明　谭烈飞　薛 俭

声 明

　　本刊已许可中国知网以数字化方式复制、汇编、发行、信息网络传播本刊全文。本刊支付的稿酬已包含中国知网著作权使用费，所有署名作者向本刊提交文章发表之行为视为同意上述声明。如有异议，请在投稿时说明，本刊将按作者说明处理。

主 编：祁庆国
执行主编：韩建识
编辑部主任：高智伟
本辑编辑：韩建识　陈 倩
　　　　　高智伟　康乃瑶　侯海洋

Beijing Cultural Relics and Museums

No. 4, 2019

Organizer: Beijing Municipal Administration

Bureau of Cultural Heritage

Edited and Published by the Editorial Department

of Beijing Wen Bo, Beijing Yanshan Press

URL:http://www.bjmuseumnet.org

E-mail: bjwb1995@126.com

目录 | Contents ||||||||||||||||||||||||||||||||||||||||||||||||||||||||||||||||||||||||||||||||||||||||||||

Editorial Board of *Beijing Wenbo*

Advisors: Lü Jimin

Chairman: Li Boqian

Vice-chairmen:

Shu Xiaofeng, Kong Fanzhi, Wang Shiren, Qi Xin,

Ma Xigui, Wu Menglin, Xin Lixiang, Ge Yinghui,

Jin Fengyi, Guo Xiaoling

Members:

Yu Ping, Wang Dan, Wang Gang,

Wang Danjiang, Wang Yuwei, Wang Youquan,

Wang Peiwu, Wang Qinglin, Lu Yinghong,

 Bai Yan, Xiang Dechun, Liu Sukai, Liu Chaoying,

Guan Zhanxiu, Xu Wei, Xu Lihua,

Song Xiangguang, Yang Yulian, Yang Shuguang,

Li Chen, Li Jianping, Xiao Yuanchun, He Pei,

Fan Jun, Ha Jun,Hou Zhaonian, Hou Ming,

Xi Zhiqun, Gao Xiaolong, Gao Kaijun, Guo Bao,

Han Geng, Han Zhanming, Tan Liefei, Xue Jian

Editor-in-chief: Qi Qingguo

Executive Editor: Han Jianshi

Director of the Editorial Office: Gao Zhiwei

Managing Editors of this Volume:

Han Jianshi, Chen Qian, Gao Zhiwei, Kang Naiyao

Hou Haiyang

北京市王府井东方广场旧石器遗址的研究与保护

李超荣　　李　浩

为了进一步探索"北京人"时期及其后的古人类在北京地区的活动踪迹,中国科学院古脊椎动物与古人类研究所和北京市文物研究所组成考察队,从1990年开始在北京地区进行广泛的考古调查。初步调查表明,北京地区除周口店外也曾有旧石器时代不同时期人类劳动、生息过,迄今为止发现可能属于旧石器时代的旷野地点或遗址38处[①]。王府井东方广场就是在市中心发现的一处非常重要的旧石器遗址。它是由北京大学学生岳升阳1996年发现,中国科学院古脊椎动物与古人类研究所的研究人员李超荣确定为旧石器时代晚期遗址,距今2万多年。

王府井东方广场位于东长安街北侧,东单头条、王府井大街和东单大街之间,地理坐标大致在东经116°25′28″,北纬39°55′26″,遗址面积约2000平方米。1996年12月30日至1997年8月,中国科学院古脊椎动物与古人类研究所、北京市文物研究所和东城区文物管理所等单位的考古人员对该地点进行了抢救性发掘(图一)。当时首次在旧石器时代遗址的考古发掘中利用全站仪来测量文化遗物的三维坐标,通过计算机处理数据。因工程当时在施工中,所以考古工作者对文化分布密

集区进行重点抢救性发掘,总共布4米×4米的探方90个,面积为1440平方米。发掘面积780平方米(上文化层164平方米,下文化层616平方米),下文化层清理面积112平方米,总发掘清理面积892平方米。文化遗物分别来自上、下文化层,相距约1米。它们分别出自距地表深约11.422—11.784米和12.271—12.643米的河湖相地层之间。文化内涵很丰富,出土标本2000余件,其中测量三维坐标的编号标本1514件。文化遗物包括石制品、骨制品、用火遗迹遗物和赤铁矿碎块等[②③]。

一、文化遗物的研究

1. 石制品

分析研究的石制品1098件(地层585件和脱层513件),上文化层出土71件,

图一　王府井东方广场旧石器遗址发掘现场

其中编号标本52件、筛选和采集标本19件，它们分别是石核2件、人工石块20件、石片22件、断片4件、裂片3件、石屑8件和石器12件。下文化层1027件标本中，编号的533件、筛选和采集的494件。石制品包括石核15件、人工石块99件、石片344件、断片181件、裂片28件、石屑314件和石器46件。在下文化层的46件石器中，刮削器26件、尖状器2件、雕刻器12件、石钻2件、石砧2件和石锤2件。在全部石制品中，石核占1.55%、人工石块10.84%、石片33.33%、裂片2.82%、断片16.85%、石屑29.33%、石器5.28%。石器类型丰富，其中单刃刮削器占37.93%、双刃刮削器占13.79%、多刃刮削器占10.35%、雕刻器占22.41%、尖状器占3.45%、石钻占3.45%、雕刻—刮削器占1.72%、石锤占3.45%、石砧占3.45%。

　　王府井东方广场遗址石制品的主要特征是石器原料来自河滩，黑色燧石为主要的石料（97.81%），其次是石英岩（1.28%）和砂岩（0.91%）；打片技术以锤击法为主，偶用砸击法。石制品分为石核、人工石块、石片、断片、裂片、石屑和石器。在打片和加工石器中产生的石屑和断片占一定的比例；在一些石片中有使用痕迹；石器的素材主要采用不同形状的石片，偶用石核和石块。这是一种以石片工具为主的石器工业；石器分为刮削器、雕刻器、尖状器、石钻、石砧和石锤等（图二、图三），其中刮削器数量多而且形式多样，有加工精致的短身和长身圆头刮削器。石器以小型为主；从石器的第二步痕迹来分析，在一些标本中可能使用压制法和指垫法进行加工修整。石器加工方式以向背面为主。根据操作链原料、石核、人工石块、石片、石屑和石器的加工等分析研究和打制实验，我们归纳出以上的文化特征④。

　　古人类制作石器与当时的生态环境、原料多寡与质地好坏、人的认知能力和加工技巧等有着密切关系。燧石是一种非

图二　雕刻器与尖状器（P1000636）

图三　圆头刮削器（P1000638）

常好的石器原料，一般是用锤击法打制成片，来加工石器。劣质的原料（石英）采用砸击法产生石片，来制作石器。在王府井遗址出土了用燧石原料砸击形成的石核和石片。这是什么原因？采用砸击法对燧石原料进行剥片的方法在旧石器遗址中是很少见的。我们用在遗址附近采集的燧石石料进行打制实验，然后与遗址的标本进行对比研究，使我们认识到这与人类的认知能力有关。当时古人类在河滩采集质地好的原料比较困难。如采集到优质而大小不一的燧石备料，古人类要考虑如何使用好这些材料。大的材料采用锤击法，小的材料用砸击法来剥片进行加工石器。因为小的燧石砾石无法使用锤击法，只能采用砸击才能产生长的石片，用于加工石器。在优质石料稀少的情况下，也有为了应急而采用砸击法进行剥片和切割食物。这反映了古人类巧妙地使用不同的石料制作石器。在遗址出土了用燧石加工的精制的刮削器、雕刻器和石钻等石器，这揭示了古人类在制作石器时，对所处生态环境的适应能力。砸击的石核、人工石块和石片在我国旧石器时代初期的建始人洞穴遗址也

有发现。在发掘这个遗址时，出土大量的燧石人工石块和石屑，而石片稀少。一般遗址中出土的石核、石片和石器是有一定的比例的，原因何在？我们难以解释。我们用洞穴出土大小不一的燧石砾石和石块进行砸击实验，横向砸击产生块状标本，纵向砸击产生片状的标本，有时还能产生规整的长石片。通过打制实验与出土的石制品对比，知道了大量出土人工石块和石屑的原因是砸击剥片的结果。这是原始的砸击技术，也是远古人类最早采用的打片方法之一，也反映了当时的古人类认知能力低，未能很好地使用优质原料[⑤]。古人类对加工技术不断改进，到旧石器时代晚期古人类使用砸击技术非常熟练，并根据石料的具体情况选择打片方法。

文化遗物的拼合在旧石器考古研究中具有重要意义。通过这一工作，可有助于确定遗址的性质，避免分类工作中的主观性。了解古人类制作石器和骨器的方法，复原史前人类加工、生产工具的过程。并且结合文化遗物的三维坐标位置来分析遗址内部结构，判断遗址的沉积过程，了解古人类活动区域如石器加工区、生活区（用火区、就餐区）和狩猎区等情况。在石制品中，拼合了3组烧石和1组石制品。遗址出土了322件石屑，其中编号的标本仅74件，标本长度在2—8mm之间。最重的0.1g，最轻的0.01g。因为大多数石屑细小而分布密集，发掘时无法给每件石屑编号。在T86探方B区约1m²的发掘面就发现198件石屑，未予编号。在这198件标本中，最大的石屑长8mm，最小的长0.8mm。长度在3mm以下的111件，3—5mm之间53件，5—8mm仅34件。最重的0.05g，最轻的0.01g。大多数的重量在0.05g以下。在T86探方还出土编号的2件石核、1件人工石块、20件完整石片、4件断片、1件裂片和1件刮削器。另外还有脱层的11件完整石片、3件人工石块和8件断片。根据操作链的分析推断这是人类加工石器的工作区。这也说明王府井遗址属原地埋藏，是

一处临时营地，具有多种活动的性质。

从T5探方B区503号标本观察分析，这件石器是一件石砧，但其上两面有作为石砧使用的坑疤，一端有作为石锤打击的痕迹，另一端有磨痕并附有红色的赤铁矿粉（图四）。它具有一器多用的功能，反映了人类行为的四种信息。

2. 骨制品

遗址出土了大量的动物碎骨。作者通过观察、实验、拼合和对比研究，在出土的1099件碎骨中，鉴定411件为骨制品。参照石制品的分类方法把骨制品分为骨核、人工骨块、骨片、骨屑和骨器五大类[⑥]。骨制品分布于两个文化层，其中下文化层245件、上文化层20件、筛选和采集的146件。骨制品包括26件骨核、55件人工骨块、194件骨片、72件骨屑、18件骨刮削器、32件尖头器、10件雕刻器和4件骨铲（图五）。通过操作链的分析和对标本的研究，王府井古人类遗址的骨制品主要有以下特征：动物骨头和骨制品的风化和磨蚀程度很低；原料主要是大动物

图四 石砧上的痕迹及附着的赤铁矿粉

图五 骨铲（P1450329）

的肢骨。从出土标本的痕迹来看，当时不是用新鲜骨头制作的，因为新鲜骨骼打碎后，其断口是参差不齐的；打制骨片和加工骨器主要采用锤击法和砸击法，偶用压制法。多数骨片表现出明显的打击点和打击泡特征，类似典型石片。另外，有一件骨器在出土后，经过自然风干脱落下一小片打击骨片，这是经锤击法打击而受内伤的结果。采用砸击法制作骨器的方法在我国比较少见，以前在贵州马鞍山遗址曾经发现过；骨制品包括骨核（6.33%）、人工骨块（13.38%）、骨片（47.2%）、骨屑（17.52%）和骨器（15.57%）。骨片数量多，但大多数骨片的形状不规整，形态特征不像石片那么明显。骨片的骨壁主要为倾斜面，有的向骨表面倾斜，有的向髓腔面倾斜（自然破裂的碎骨大多数呈长方形，与骨壁面垂直）；加工骨器的方式，采用向骨表面、向髓腔面、错向和屋脊形打法四种；骨器分为骨尖头器（50%）、骨铲（6.25%）、骨刮削器（28.13%）和骨雕刻器（15.62%），其中骨尖头器的数量较多；骨核、骨片和骨器等标本上大多数都保留有70%以上的骨表面和髓腔面；在一些骨制品和骨头上有人工切割、砍砸和刻画痕迹。

在骨制品和动物骨头上，找到人工切割和砍砸痕迹的标本，其中切割痕迹者38件、砍砸痕迹者3件、切割与砍砸痕迹者2件。上文化层发现10件切割痕迹的标本，它们分别出土于探方T12、T13、T14、T27和T28。下文化层发现33件，其中切割痕迹者28件、砍砸痕迹者3件、切割与砍砸

痕迹者2件。它们分别发现于探方T4、T5、T6、T19、T20、T21、T22、T31、T35、T79、T80、T81、T82和T84。砍砸痕迹主要在大动物的肢骨上面，切割痕迹主要在动物的骨头和肋骨上面。从标本分析来看，痕迹长短与深浅不一，可能是当时人类在肢解动物时用力不同形成的。1986年在北京双桥发现的古菱齿象下颌骨标本上具有砍砸痕迹。

在遗址发现3件有人工刻画的标本。1506号标本是一件被烧过的骨片，其上有人工刻画的痕迹。它可能表示一种植物，似一枝垂柳的形状。刻画痕长32mm，宽7mm，间隔12mm。1263号标本也是一件骨片，其上的人工刻画痕迹可能表示一种似柏树叶。刻画痕长18mm，宽8mm，间隔1—5mm之间。这些刻画痕可能是远古人类为表达他们生活的环境或崇拜的植物而制作的（图六）。旧石器时代的刻画记号、符号和图像，是史前学者研究原始艺术和探讨远古人类智力的重要依据。世界上发现最早的刻画记号和符号在欧洲旧石器时代晚期的克罗马农人（Cro-magnon）遗址，其时代距今3万多年。欧洲旧石器时代晚期的遗址出土大量艺术品。在中国旧石器时代晚期的北京山顶洞、湖南桂阳、山西峙峪和河北兴隆仅出土了少量人工刻画和雕刻的标本[7]。最近资料表明，在重庆奉节发现了距今14万年前的象牙雕刻[8]。南非在

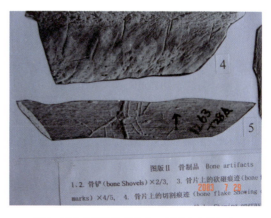

图版II 骨制品 Bone artifacts
1、2. 骨铲（bone Shovels）×2/3. 3. 骨片上的砍砸痕迹（bone marks）×4/5. 4. 骨片上的切割痕迹（bone flake Showing

图六 王府井遗址发现有人工刻画痕迹的标本

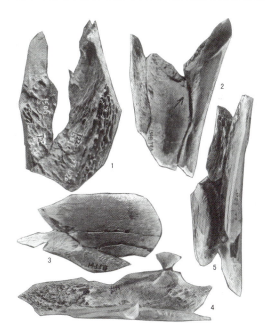

图七 骨制品的拼合

1999年和2000年从Blombos洞穴出土的赭石上发现了距今7万年的几何形刻纹⑨。这为研究旧石器时代原始艺术的起源与发展提供了新的资料。

王府井东方广场是中国旧石器时代遗址中唯一一处系统进行骨制品拼合研究的遗址。通过一些打制实验、拼合分析和对比研究工作，在动物骨头、蛋皮和骨制品中拼合了33组，其中包括27组骨制品、5组动物骨头和1组驼鸟蛋皮。拼合标本一般由2件组成，最多由5件标本组成（图七）。上文化层有6件标本拼合成3组，都是由2件拼合在一起。这3组的标本分别出土于探方T28和T22。下文化层73件标本拼成30组，其中2件拼合的有22组、3件拼合的5组、4件拼合的1组、5件拼合的2组。它们分别出自探方T4（2件）、T5（2件）、T6（4件）、T7（2件）、T8（7件）、T9（7件）、T19（1件）、T20（4件）、T21（1件）、T22（2件）、T80（1件）、T81（11件）、T82（9件）、T84（3件）、T86（14件）和T88（3件）。在1099件骨制品和动物骨头中，79件标本拼合了33组，占总数的7.19%。有一件加工精致的骨铲是

1417号。在它右侧靠近中部处有两个因打片形成的内伤疤，其中一个骨片现已裂开掉下。这是以前由骨壁面向髓腔面连续打击两次，骨片未打下形成的内伤。在发掘时保存完好。后在室内整理中发现内伤疤裂开，明显看出连续两次打片的情况。这件骨铲可与1351号、1354号和1436号拼合，是一件有意义的标本，从中获取了打制骨片、骨器加工和拼合复原等方面的信息。在拼合的标本中，水平分布最远的距离4.5m，最近的0.1cm。垂直分布最深的距离20cm左右，最浅的0.1cm。从动物骨头的切割和砍砸痕、拼合的动物骨头与骨制品和加工的骨器推断，当时的人类行为是一边就餐，一边加工采集食物的骨器。

3. 磁铁矿碎块

磁铁矿碎块在遗址中也有发现。2件石砧和2件石锤上都因研磨磁铁矿碎块附着磁铁矿粉末，有的骨头被粉末染红。在探方T19附近有大片被磁铁矿粉末染红的痕迹。这似乎反映古人类在狩猎前后进行宗教活动留下的遗迹。在王府井和山顶洞遗址都出土赤铁矿碎块和染红的标本，所不同的是山顶洞的赤铁矿粉是在死者周围，而王府井的赤铁矿是在火堆附近，这可能反映了原始的宗教活动⑩。

4. 用火遗迹和标本

东方广场遗址发现有烧石、烧骨、木炭和灰烬等丰富的用火遗迹（图八）。遗迹的分布有一定的规律，上文化层有两处：T87、T88、T89、T90探方交汇的地方一处，T22和T35之间一处；下文化层四处：T1探方为第一处、T80和T82探方之间

图八 用火遗迹与遗物（P1450321）

为第二处、T6和T19探方之间为第三处、T84和T86探方之间为第四处。上文化层的烧石和烧骨各自还可以拼合在一起。烧石由11件拼合了3组，分别由5件、4件和2件拼合在一起。烧骨由2件拼合在一起。在下文化层的四处用火遗迹中都出土烧骨、木炭和灰烬。烧石是烧烤食物时，因温度高而裂开的。根据含有切割和砍砸痕的动物骨头、拼合起来的骨制品及烧骨的分布推测，当时人类一边制作石器一边屠宰和肢解猎物，然后围着火堆进行烧烤，品尝着胜利果实。

5. 遗址年代

王府井东方广场是一处旧石器晚期遗址。经^{14}C测定上文化层的数据之一，年代为距今24240±300a B.P.，下文化层数据之一，年代距今24890±350a B.P.[11]。热释光测年结果表明，下文化层下部的年龄为25850±1180a B.P.；上部的年龄为22370±1540a B.P.，上文化层下部的年龄为19230±3370a B.P.，上部的年龄为14940±550a B.P.[12]。依据^{14}C测年和热释光测年分析，数据基本相符。遗址的地质时代为晚更新世，考古学年代为旧石器时代晚期。迄今，北京城区已发现了三处旧石器时代遗址，除王府井东方广场外，还有西单的中银大厦[13]和双桥[14]。中银大厦遗址的石制品和哺乳动物化石出土于距地表深约21m的河湖相地层，东方广场遗址的文化遗物出自距地表深约12m左右的河湖相地层。根据上述地层对比和年代学研究成果，三处均为旧石器时代晚期遗址。中银大厦文化层的深度比东方广场文化层深，所以时代可能古老些。双桥遗址的标本出土于距地表深约39.5m，时代比上述两个遗址还古老一些，经^{14}C测定年代为距今29040±600a B.P.。由于晚更新世气候和环境的变化，使得人类活动范围不断扩大，为了生计，古人类要适应新的环境。通过对这三处旧石器晚期旷野遗址的研究，揭示了当时的人类在北京的平原狩猎、捕捞和采集生活，这些遗址是季节性的活动营地。这也表明古人类不仅在山洞，而且也在平原活动。由文化遗物的研究来看，也说明了北京从五六十万年至两万年前在文化上是一脉相承[15][16][17]。

二、王府井东方广场旧石器遗址的保护

1. 媒体报道与宣传

旧石器时代古人类遗址发现于国家首都中心在世界上尚属首次。遗址发现后，中外媒体进行了广泛的报道与宣传，其中报纸有《人民日报》《光明日报》《中国日报》（中文版和英文版）《中国文物报》《中国科学报》《中国建设报》《中国教育报》《中国妇女报》《北京日报》《北京青年报》《北京晚报》《华夏日报》《工商时报》《天津日报》《南方日报》《科技日报》《广州日报》《文汇报》《香港文汇报》《台湾中国时报》等，电视台有中央电视台、北京电视台、旅游卫视等（1997年1月2日中央电视台中国新闻首播），通讯社有新华通讯社和美联社等，广播电台有中国国际广播电台、北京人民广播电台和上海人民广播电台等。最初报道发现王府井旧石器遗址的是新华社记者秦春在1997年1月2日《人民日报（海外版）》刊登的《北京王府井首次出土旧石器》一文："新华社北京1996年12月31日电（记者秦春），记者今天从中国科学院古脊椎动物与古人类研究所获悉：12月28日在北京市中心王府井东方广场施工单位工地，在距地表12米深的河湖相地层中发现了一些石制品和动物化石碎片。经中国科学院古脊椎动物与古人类研究所有关专家初步鉴定，它可能是一处旧石器晚期文化遗址，也是北京城区发现的至今所知的最古老的古人类文化遗存。这一发现已引起有关方面的高度重视，对研究北京城区史前史和古环境变迁都具有重要意义。国家文物局和中国科学院古脊椎动物与古人类研究所有关人员，现正与北

京市文物局以及施工单位接洽，对遗址尽快进行抢救性发掘。"

媒体报道与宣传对城市的文化资产保存与发展和普及科学知识具有非常重要的意义。国家文物局、北京市和中国科学院的领导纷纷到发掘工地视察。1997年1月5日和7日，北京市文物局局长单霁翔等领导视察发掘工地，解决发掘中出现的问题。1997年1月7日，中国科学院古脊椎动物与古人类研究所领导和专家到工地视察与指导工作，对发掘工作提出一些建议。1月9日，国家文物局局长张文彬和副局长张柏、北京市委副书记李志坚等领导到发掘现场详细了解发掘进展情况，并高度称赞考古工作者的敬业精神和建工集团施工人员的文物意识。张文彬称此次发现为重大发现。1月10日，北京市文物局组织石兴邦、黄景略、谢辰生、张森水和吕遵鄂等文物专家，对遗址的科学价值、发掘方法、遗址的保护、建遗址博物馆和宣传等问题进行了广泛的讨论并提出了一些好的建议。1月14日，中国科学院协调局局长秦大河和古脊椎动物与古人类研究所所长邱铸鼎到发掘现场视察与指导。

2. 遗址保护

1997年2月5日《中国科学报》专版介绍了专家对遗址保护的观点（图九）。我们的考古发掘时间长达7个多月（1996年12月30日至1997年8月），这在我们的考古生涯中是没有过的，所以在发掘期间经常到贾兰坡教授家汇报工作，请教工作中出现的问题。在谈到遗址的保护问题时，他强调要根据发掘的成果，切合实际进行保护。他叮嘱我们这遗址很重要，一定要利用新的技术方法科学发掘，对遗址进行综合性研究。在当时，我们首次在旧石器的考古发掘中利用全站仪来测量文化遗物的三维坐标，通过计算机处理数据来了解古人类的行为活动。

1997年4月18日下午，中国科学院院士贾兰坡、刘东生、侯仁之三位教授来到王府井东方广场遗址考察和指导工作（图

一〇、图一一）。他们看到考古发掘成果非常兴奋，听说要切割迁移保护，以便将来在发掘遗迹的层面（地下12米左右）选择适当位置建立一个永久性展室后，侯

图九 《中国科学报》的相关报道

图一〇 贾兰坡、侯仁之和刘东生院士在遗址指导发掘和保护工作

图一一 贾兰坡和侯仁之院士在发掘现场观察标本

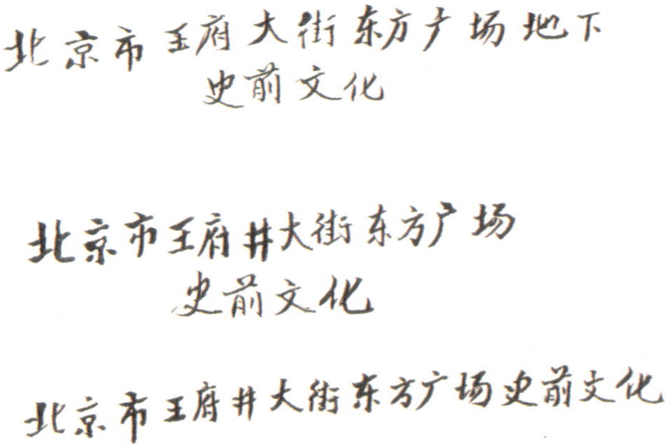

北京市王府大街东方广场地下史前文化

北京市王府井大街东方广场史前文化

北京市王府井大街东方广场史前文化

图一二 贾兰坡院士的题词

老、贾老和刘老均表示赞同。贾老说，王府井东方广场旧石器遗址的地理位置得天独厚，设立陈列室是一个最好的保护措施。刘老说，这是比较好的办法，对广场的建设和文物保护均有利。三位教授来发掘工地考察和指导，这使我终生难忘，恰好这天是我的生日，能在发掘现场聆听先生们的教导感到非常荣幸。这是对我们工作的鞭策和鼓励。贾老还为我们以后筹建博物馆专门题词⑧（图一二）。

在当时，关于遗址的保护问题也引起了学术界的高度重视，社会各界也给予广泛关注，人们以不同方式表达各自的建议。1997年初，张立源等32位北京市政协委员纷纷提案，建议在王府井东方广场遗址现场建立古人类博物馆（《北京晚报》1997年9月17日第7版）。1997年7月23日至8月10日，中国社会科学院考古所科技中心受发掘单位的委托，对遗址进行起取保护工作。遗迹块暂时存放北京辽金城垣博物馆。王府井古人类文化遗址博物馆于1997年开始动工，1999年2月正式完工。在遗址的综合研究中，中国科学院古脊椎动物与古人类研究所、地质所、植物所和北京大学的研究人员承担了研究工作。为了保护这一珍贵的遗址和出土的文化遗物，展示两万多年前北京地区的环境风貌和先民们的生活情景，东方广场有限公司李嘉诚先生和北京市东城区人民政府投资兴建了王府井古人类文化遗址博物馆。由中国科学院古脊椎动物与古人类研究所、北京市文物研究所和王府井古人类文化遗址博物馆三方进行筹展。2001年12月28日博物馆正式开馆，展示科学发掘出土的石制品、骨制品、动物化石和用火标本等，并配以大量图表和照片，采用大型油画、雕塑、电脑触摸屏等形式介绍发掘情况、古人类的生产与生活情景和研究成果来展示首都北京的灿烂远古文化（图一三）。博物馆现已成为科普教育基地。2016年对博物馆进行了布局上的改造，在展出形式上利用了现代化的一些技术，2017年又重新开馆。

致谢：本项研究工作得到了中国科学院院长基金和国家自然科学基金面上项目（批准号：49752001和40972016）、中国科学院战略性先导科技专项——应

图一三 王府井古人类生活复原图

对气候变化的碳收支认证及相关问题（XDA01020304）和科技部国际合作重点项目（2007DFB20330）资助。感谢中国台湾新北市政府文化局林登赞局长和新北市十三行博物馆吴秀慈馆长邀请我参加"城市中的文化资产保存与发展"研讨会。

① 李超荣、郁金城、冯兴无：《北京地区旧石器时代考古新进展》，《人类学学报》1998年第2期。

② 李超荣、郁金城、冯兴无：《北京市王府井东方广场旧石器时代遗址发掘简报》，《考古》2000年第9期。

③ Li Chaorong, Yu Jincheng, Feng Xingwu. The Wangfujing Paleolithic Site in Beijing[J]. Chinese Archaeology, 2001 (1): 85-87.

④ 冯兴无、李超荣、郁金城：《王府井东方广场遗址石制品研究》，《人类学学报》2006年第4期。

⑤ 李超荣：《文化遗物》，载郑绍华主编：《建始人遗址》，科学出版社，2004年。

⑥ 李超荣、冯兴无、郁金城、赵凌霞：《北京市王府井东方广场骨制品研究》，《人类学学报》2004年第1期。

⑦ 李超荣：《旧石器时代出土的艺术品》，《人类学学报》2004年增刊。

⑧ 黄万波：《14万年前"奉节人"——天坑地缝地区发现古人类遗址》，中华书局，2002年。

⑨ Christopher S. Henshilwood. Francesco d'Errico and Royden Yates etc. Emergence of Modern Human Behavior: Middle stone age Engravings from South Africa[J]. Science, 2002, 295: 1278-1280.

⑩ Pei W C. The Upper Cave Industry of Choukoutien. Pal Sin New Ser D. 1939, 9:1-41.

⑪ 夏正楷、郑公望、岳升阳、郁金城：《北京王府井东方广场工地旧石器文化遗址地层和古地貌环境分析》，《北京大学学报（自然科学版）》1998年Z1期。

⑫ 夏正楷、郑公望、岳升阳、郁金城：《北京王府井东方广场工地旧石器遗址的地层》，《第四纪研究》1998年第2期。

⑬ 李超荣、冯兴无、郁金城：《北京市西单发现旧石器》，《人类学学报》2000年第1期。

⑭ 黄万波：《记北京双桥古菱齿象下颌骨上的砍痕现象》，《人类学学报》1990年第2期。

⑮ 裴文中、张森水：《中国猿人石器研究》，科学出版社，1985年。

⑯ 高星：《关于周口店第15地点石器类型和加工技术的研究》，《人类学学报》2001年第1期。

⑰ Li Chaorong, Feng xingwu, Li Hao. Techniques et activités des hommes du Paléolithique supérieur sur le site de Wangfujing-Oriental Palaza, Pékin, Chine. L'anthropologie, 114(2010)530-542.

⑱ 李超荣：《野外工作是学术研究的源泉》，载高星主编：《探幽考古的岁月》，海洋出版社，2009年。

（作者单位：中国科学院古脊椎动物与古人类研究所、中国科学院脊椎动物演化与人类起源重点实验室）

琉璃河西周燕都遗址研究综述

吴尘昊

西周燕文化的考古发现主要有北京房山琉璃河西周燕都遗址、昌平白浮西周墓①、顺义牛栏山西周墓②、延庆西拨子铜器窖藏③、房山镇江营遗址中西周遗存④，以及辽西地区的铜器窖藏和墓葬⑤。可见，西周燕文化主要集中在华北大平原西北隅的北京平原上，西邻太行山，北靠燕山的支脉军都山。其中位于北京房山的琉璃河西周燕都遗址，坐落在中原通往东北和内蒙古草原的主干道交叉处⑥，是西周燕文化最重要的遗址，对认识西周燕文化有着重要意义。

本文就琉璃河西周燕都遗址发现以来对该遗址的研究及与之相关的西周燕文化研究进行整理叙述。

一、琉璃河西周燕都遗址发掘概况

琉璃河西周燕都遗址位于北京市房山区琉璃河镇东北2.5公里处，包括董家林、刘李店、黄土坡、洄城、立教和庄头六个自然村，东西长3.5公里、南北宽1.5公里，总面积达5.25平方公里⑦，是一个包括城址、墓葬及其他遗迹的大型遗址。其中位于董家林村的西周燕国城址和黄土坡村的墓葬区是该遗址的主要部分。

从1973年至今，琉璃河西周燕都遗址的考古发掘可大致分为三期：第一期为1973—1977年；第二期为1981—1986年；第三期为1995年至今。

第一期发掘墓葬I区和II区，共清理61座西周墓、5座车马坑，详细资料刊载

于1995年出版的一期墓葬发掘报告中⑧。

第二期墓葬发掘可分为两个阶段。第一阶段为1981—1983年⑨；第二阶段为1982—1986年⑩。

第一、二期对城址分别进行了三次发掘，有关情况零散见于部分文章中⑪。

第三期发掘工作并没有前两期那样大的规模，已公布的发掘材料有1995年对东城墙北端、居址和墓葬I区的发掘⑫，1996年对北城墙中部解剖及城址中部发掘⑬，1997年对原墓葬I区、古城东城墙内侧、古城中部董家林村发现的西周晚期墓葬的发掘⑭，2001年对城址东北角三座西周墓的发掘⑮及2002年的墓葬发掘⑯。此外并无其他材料公布。

二、2000年以前琉璃河西周燕都遗址研究综述

1. 琉璃河遗址的年代性质问题

早期研究主要集中于遗址年代性质上。首先1962年的调查，根据出土遗物判断，刘李店村东、董家林村西两处文化堆积属于西周时期⑰。在1973年和1974年的正式发掘中，出土了带"匽侯"铭文的青铜器，因此判断这一地区的遗址与燕国国都相关⑱。由于此时琉璃河遗址的城墙和居址部分尚未得到重视和发掘，学者多只能笼统地说"第一代燕侯的都邑已在北京地区"⑲，或者将该墓地与《太平寰宇记》中记载的窦店古城联系起来⑳。

随着1976年和1977年对董家林村古城的钻探和对城东北角的试掘㉑，学者意

识到城址与城外墓葬存在联系。在1978年鲁琪、葛英会先生的《北京市出土文物展览巡礼》[22]及1979年北京市文物考古队发表的《建国以来北京市考古和文物保护工作》[23]中都认定琉璃河遗址应为周初燕国都邑，并以该墓葬打破古城东墙北段内附坡的墓葬76城M1中陶簋形制年代为殷墟四期为由，判断城墙的始建年代应该为商代。1980年，郭仁、田敬东先生认为，76城M1中出土陶簋形制为商末周初，城墙始建年代"最迟不应晚于商末"，古城结构与郑州商城基本相同，始建年代应与郑州商城的年代相近，可能为商代燕亳[24]。这一时期的其他学者也多持这一观点，如徐自强先生[25]、王采枚先生[26]等。此外李学勤先生认为周初燕国的都城应在今北京外城西北的蓟城[27]。

1990年的《北京考古四十年》中对琉璃河遗址的城墙始建年代进行了修正，称"这座古城的始建年代不晚于西周初期"[28]，与之相对，《十年来北京考古的新成果》则称琉璃河遗址为"商周遗址"、董家林古城为"商周城址"[29]。这一时期学者的观点多在这两者之间，比如田敬东先生的一系列文章[30]皆认为董家林古城始建年代不晚于西周初期；赵福生先生1995年的文章则称"遗址的营建年代不晚于商末周初"[31]；在同年出版的墓葬第一期发掘报告[32]和琉璃河考古队发表的文章[33]中也持这样的观点。此外陈平先生认为董家林古城始建于商末，称燕亳，为商末燕都[34]。

对琉璃河遗址及其中董家林古城年代判断最重要的观点是李伯谦先生在1995年"北京建城3040年暨燕文明国际学术研讨会"上提出的[35]。他认为在董家林古城内外没有商代堆积；墓葬76城M1所出陶簋年代为西周时期，古城只能是"召公封燕"后西周初年燕国营造的都城，古城始建年代的上限和下限均在西周早期。会议上，除李华先生和田敬东先生外[36]，大部分的与会学者赞同这一观点[37]。此外曲英杰认

为董家林古城在城墙边长、面积、墙基与主墙宽度等许多方面不如临淄齐故城、曲阜鲁故城等已发现的古城，规模过小，因此现在发现的城址范围可能只是宫城，外郭城还未发现[38]。

1995年对城墙夯土内和打破城墙、叠压在城墙内附坡的层位的发掘，进一步确认城址的始建年代为西周早期[39]。1996年对城外护城河的发掘判断古城的废弃年代不晚于西周晚期[40]。刘绪、赵福生先生撰文指出琉璃河遗址居址的早期遗存比中晚期分布广、堆积厚、内涵丰富；墓葬中也以早期墓葬居多，出土青铜器多为西周早期；对城垣的发掘也发现，打破城墙的灰坑多为西周晚期；推论"琉璃河遗址作为都城主要属于西周早期，其废止年代当在早中期之交或稍晚"[41]。此外还有陈平先生对琉璃河城址兴废年代问题的探讨[42]，殷玮璋先生对琉璃河燕都遗址地理特点的研究[43]。

2.琉璃河遗址居址研究

琉璃河遗址的居址研究有碍于发掘和公布的材料有限，一直缺乏成熟的研究，直到遗址的第三期发掘材料陆续公布后才有所改观。

1995年居址的发掘简报将发掘的80余座灰坑分为早、晚两期，是对琉璃河遗址居址最早、最明确的分期研究；通过F10和11区居址中出土的陶器和青铜容器认为"遗址中有规模不小的铸铜作坊"，墓葬中一部分青铜器应为本地铸造；通过G11区早期居址发现的多块筒瓦，"说明古城内有西周早期大型建筑"，"为确认琉璃河遗址为燕国早期都城提供了又一证据"；并认为本遗址应有西周中期居址遗存有待发现[44]。

1996年，在G11区108灰坑出土刻有"成周"等字的三片有字卜甲。简报认为刻有"成周"等字卜甲的发现为琉璃河遗址的分期断代提供了新的证据[45]。赵福生先生认为，出土刻有"成周"等字的卜甲的灰坑在遗址中属于年代最早的单位之

一，年代上不早于也不会太晚于成王时期，它为研究西周燕国的建城时间及夏商周断代工程提供了新的研究材料⁴⁶。对于该块卜甲的研究还有雷兴山先生等人的《北京琉璃河新出卜甲浅识》⁴⁷。

刘绪、赵福生先生通过对1995年和1996年居址发掘公布的材料的深入分析研究，指出：琉璃河遗址早期居址中陶器表现出周文化、商文化、土著文化三种因素在诸多单位共存，同一风格特征又往往见于不同文化因素上，说明这三者为同时期文化遗存，可能为姬姓周人、殷遗民和当地土著混居；并通过居葬中周文化因素陶器对比，证明居址早期遗存年代相当于西周早期，上限为周初，居址晚期遗存文化因素单一且与中原地区相似，年代应为西周晚期⁴⁸。此外雷兴山先生将琉璃河遗址早期居址的遗存分为周文化、商文化、张家园上层文化和混合型文化四种，认为混合型文化中，商、周文化因素混合应为殷遗民文化，张家园上层文化因素与商或周因素混合应为土著燕文化⁴⁹。

3. 琉璃河遗址墓葬分期、族属研究

琉璃河遗址的墓葬遗存一直是学者研究的重点之一，但墓葬第二期和第三期发掘材料尚未完全公布⁵⁰，研究多集中于一期发掘的墓葬。1979年的《建国以来北京市考古和文物保护工作》一文中结合殉人、腰坑、殉狗等葬俗和随葬陶器鬲、簋、罐组合将墓葬分为四期，一期属商代晚期、二期属成王前后、三期属康王前后、四期为西周中晚期，并将有上述特点的墓葬断为一期商代晚期墓、二期、三期西周早期殷遗民墓⁵¹。在1980—1990年的研究性文章中多沿袭这一说法⁵²。1995年出版的第一期墓葬发掘报告中将墓葬分期修正为三期，第一期为西周早期，二、三期为西周中期和晚期。但该报告依然以殉人、腰坑、殉狗等葬俗特点结合出土青铜器铭文上有殷人族徽现象来判定"I区墓葬的墓主很可能是殷的遗民"⁵³。这一对琉璃河遗址墓葬族属的推断成为主流。

比如：1993年张亚初先生就在这一观点的基础上，将传世与出土的133件西周燕国有铭青铜器中的66件考订为殷遗民器⁵⁴；1997年张剑先生根据主流观点认定的殷遗民墓葬，推测在西周燕国殷遗民拥有显要的政治地位⁵⁵；1998年孙华先生的《周代前期周人墓地》一文中，在认定I区墓葬为殷遗民墓的基础上，对II区墓葬进行了分区分组的研究⁵⁶。

1996年发表的第三期墓葬发掘简报率先对琉璃河西周墓的族属问题提出相反的判断，通过对比居葬陶器，认为墓葬中仅见周人风格的陶鬲，因此不是殷遗民墓⁵⁷。刘绪先生和赵福生先生认为"腰坑和殉狗的现象并非商人专有，它仅提供了是（殷遗民墓）的可能，但并非唯一标准"，"琉璃河遗址北区（I区）的随葬品少有殷人墓作风，与南区（II区）很难区分有多大的不同"，因此琉璃河遗址I区墓葬应该也是姬姓周人墓地⁵⁸。陈光先生认为武王灭商前整个黄河流域都发现有殉人、殉狗的墓葬，虽然这样的葬俗不属于周人，但也不能确定这些墓葬都为殷人墓葬。此外，陈先生还将琉璃河遗址的墓葬按照规模、随葬品和其中反映出的贫富、族属差异分为五个等级，并认为张家园上层文化因素所代表的土著人"尽管在城址中一直生息到西周中期"，但"始终未能进入燕国墓地"⁵⁹。

4. 琉璃河遗址墓葬出土器物研究

琉璃河遗址墓葬出土器物的研究主要集中于陶器和青铜器。

1993年柴晓明先生首次利用地层关系、器形与共存关系将包括琉璃河遗址西周墓在内的华北西周陶器分成了早中晚三期⁶⁰。此外柴先生在1995年的《论西周时期的燕国文化遗存》中，将包括琉璃河西周墓在内的燕地西周时期墓葬分为早、中、晚三期，并对各期陶器组合、形制、纹饰、深化过程进行了论述⁶¹。

二期发掘所公布的墓葬材料中陶器只是进行了简单的一般性描述，并未涉及分

期或其他研究[62]。第三期发掘发表的简报对1995年发掘的10座西周墓所出土的24件陶器做了类型学研究，并进行了居葬对比，认为与同期居址相比，墓葬具有特殊性[63]。

琉璃河遗址墓葬出土铜器的研究可按发掘年代分为第一期发掘的铜器[64]研究和二期发掘的铜器[65]及M1193出土"克"器[66]研究。详细的综述可见《北方幽燕文化研究》的相关论述[67]。此外，冶金考古的研究有何堂坤先生[68]，出土漆器的研究有郭义孚先生[69]，出土玉器研究有杜金鹏先生[70]。

三、2000年之后琉璃河西周燕都遗址的研究

2000年后对琉璃河西周燕都遗址的研究热度远不及前，一方面是因为2000年后该遗址的发掘工作大大减少，已知的只有2001年和2002年两次墓葬发掘[71]，发掘规模也远不如一期、二期的发掘；另一方面是第二期发掘的材料迟迟没有公布完全，至今未出版考古学报告，极大地影响了后续的研究。

因此2000年后对琉璃河燕都遗址的研究多见对已发表的出土器物的研究。比如：楼朋林对琉璃河遗址出土漆器的修复研究[72]；张利洁、孙淑云等人对北京琉璃河燕国墓地出土铜器的成分和金相研究[73]；杨学晨对琉璃河墓地出土玉器的研究[74]；李秀辉、孙淑云等对琉璃河墓地出土铜器铸造工艺的研究[75]；于力凡对首都博物馆馆藏的琉璃河西周燕国墓地出土车马器的研究[76]；印群先生对琉璃河墓地中早期燕侯墓出土的青铜面饰的研究[77]等。

对琉璃河墓地出土的有铭铜器的研究有：任伟的《西周燕国铜器与召公封燕问题》[78]；李宝军的《西周早期的召公家族世系——以青铜器铭文为中心的考察》[79]；朱凤瀚先生的《大保鼎与召公家族铜器群》[80]；曹斌等的《匽侯铜器与燕

国早期世系》[81]等。这些文章通过琉璃河墓地出土有铭铜器上的铭文，讨论了燕国早期历史及召公家族世系等问题。此外连劭名研究了燕侯旨鼎铭文，讨论了周代的朝见礼[82]；陈隆文通过对1193号墓中出土铜器铭文再探讨，认为其墓主为召公奭[83]。

2000年后对琉璃河遗址的研究还集中在对殷遗民墓葬和社会地位的研究。

印群先生重新审视了琉璃河西周墓地一期的发掘材料，从陶器分期入手，结合华北地区新的考古材料，指出琉璃河遗址西周墓地中的殷遗民墓中应存在本身就居住在此地的商人后代[84]。杨勇质疑印先生的观点，认为琉璃河墓地的殷遗民只可能是从殷商根据地强迁而来[85]。此外印群先生将琉璃河西周墓葬所出土陶簋分为商式簋和周式簋两类，指出该遗址在西周早期和中期墓葬中流行商式簋，至西周晚期，周人墓不随葬簋，殷遗民墓以周式簋随葬，反映了商文化因素在一定时期对该遗址文化面貌的较大影响[86]。冉宏林对琉璃河IIM251族属性别等级等进行再考察，着重讨论了西周时期"多族徽多人名墓葬"的墓主身份判断方法[87]。此外他通过琉璃河墓葬中陶簋的类型学演变分析了殷遗民在燕国中的社会状况[88]。李楠对琉璃河遗址西周墓葬的随葬品摆放进行了研究[89]。

任伟先生首先通过已知的西周燕国青铜器铭文并比较琉璃河西周墓地中周人墓与殷遗民墓之间的差别，认为在西周燕国的殷遗民保留了原来的族氏组织，允许使用旧的族氏徽号且拥有相当的社会地位，比当地土著人社会地位要高，但总体上不如周人[90]；印群先生分别从琉璃河墓地车马坑和腰坑殉狗这一葬俗入手，认为"琉璃河遗址的殷遗民墓在保留了一些殷文化因素之同时，大量吸收了周文化因素，而琉璃河遗址的周人墓在传播周文化因素的同时，对殷文化因素也有一定的吸收"[91]，而"殷遗民贵族逐步向周人贵族靠拢，而腰坑殉狗葬俗在该遗址殷遗民平

民墓从西周早期到晚期墓葬中的影响也明显淡化甚至基本消失"，殷遗民逐渐被周人同化⑨²。

有关琉璃河遗址的研究还有¹⁴C绝对年代研究——张雪莲、仇士华等的《琉璃河西周墓葬的高精度年代测定》⑨³，以及《夏商周断代工程1996—2000年阶段成果报告》⑨⁴中的相关研究。

通过回顾这些年的研究情况，可以看出对琉璃河西周遗址的研究在不断深入，琉璃河遗址及早期燕国的社会历史面貌亦逐渐清晰。在遗址的性质和年代问题上学界已经基本达成一致，但对琉璃河西周墓地的研究还有许多可商之处，尤其是对于I区墓葬的族属，主流观点认为该墓地为殷遗民墓，无论是对其族属的判断方法，还是居址中的土著文化因素为何不见于墓葬，都值得进一步研究。刘绪、赵福生先生的观点⑨⁵，以及1995年墓葬发掘简报⑨⁶中的居葬陶器对比研究并未被重视和沿用。此外对于居址中所发现的土著文化因素所代表的人群去向并未被合理解释，而这有助于对琉璃河遗址墓葬族属的再思考。2000年之后，对于琉璃河遗址的研究逐渐平静，比较值得留意的是2015年《琉璃河遗址与燕文化研究论文集——纪念北京建城3060年》的出版，该文集不仅收入了过去关于琉璃河西周遗址和燕文化重要研究论文30余篇，并在文末附上《琉璃河遗址与燕文化研究论文资料目录》⑨⁷，统计了2014年以前关于琉璃河遗址与燕文化的研究论文，以方便后来的研究者查阅。其他的论文专著虽然都在前人的基础上试着跟进一步讨论琉璃河遗址的相关问题，但都收效甚微，缺乏突破性的进展。由于20世纪80年代（二期）和90年代以后（三期）的墓葬发掘材料公开极少，至今未以考古学报告的形式发表，也没有系统的分期年代，让后续研究者基本无法应用；而已发表的一期发掘报告也未公布所有的已发掘墓葬材料和随葬品信息，对后续研究者依据墓葬中随葬品组合对原报告中的结论进

行反思造成了极大的困难。这是导致现在琉璃河遗址研究陷入瓶颈的主要原因，希望有关学者和部门尽快将材料整理出版，并结合现在新的研究方法和理论，推进对琉璃河燕都遗址的进一步深入研究。

---

① 北京市文物管理处：《北京地区的又一重要考古收获——昌平白浮西周木椁墓的新启示》，《考古》1976年第4期。

② 程长新：《北京市顺义县牛栏山出土一组周初带铭青铜器》，《文物》1983年第11期。

③ 北京市文物管理处：《北京市延庆县西拨子村窖藏铜器》，《考古》1979年第3期。

④ 北京市文物研究所：《镇江营与塔照拒马河流域先秦考古文化的类型与谱系》，中国大百科全书出版社，1999年。

⑤ 热河省博物馆筹备组：《热河凌源县海岛营子村发现的古代青铜器》，《文物》1955年第8期；辽宁省博物馆、朝阳地区博物馆：《辽宁喀左县北洞村发现殷代青铜器》，《考古》1973年第4期；喀左县文化馆、朝阳地区博物馆、辽宁省博物馆北洞文物发掘小组：《辽宁喀左县北洞村出土的殷周青铜器》，《考古》1974年第6期；辽宁省博物馆文物工作队：《辽宁朝阳魏营子西周墓和古遗址》，《考古》1977年第5期；喀左县文化馆、朝阳地区博物馆、辽宁省博物馆：《辽宁省喀左县山湾子出土殷周青铜器》，《文物》1977年第12期；孙恩贤、邵福玉：《辽宁义县发现商周铜器窖藏》，《文物》1982年第2期；朝阳市博物馆、喀左县博物馆：《介绍辽宁朝阳出土的几件文物》，《北方文物》1986年第2期；辽宁省文物考古研究所：《辽宁喀左县高家洞商周墓》，《考古》1998年第4期。

⑥㊸ 殷玮璋：《琉璃河燕都遗址的地理特点》，载《周秦文化研究》，陕西人民出版社，1998年。

⑦⑧㉜㊾㊽ 北京市文物研究所：《琉璃河西周燕国墓地（1973—1977）》，文物出版社，1995年。

⑨ 中国社会科学院考古研究所、北京市文物工作队、琉璃河考古队：《1981—1983年琉璃河西周燕国墓地发掘简报》，《考古》1984年第5期。

⑩ 王巍、黄秀纯：《北京市琉璃河西周遗址》，载《中国考古学年鉴1985》，文物出版社，

1986年；龚国强：《房山县琉璃河西周墓》，载《中国考古学年鉴1986》，文物出版社，1987年；王巍：《房山县琉璃河西周燕国墓地》，载《中国考古学年鉴1987》，文物出版社，1988年；中国社会科学院考古研究所、北京市文物工作队、琉璃河考古队：《北京琉璃河1193号大墓发掘简报》，《考古》1990年第1期。

⑪ 北京市文物研究所：《北京考古四十年》，北京燕山出版社，1990年，第40页；中国社会科学院考古研究所、北京市文物研究所琉璃河考古队：《琉璃河燕国古城发掘的初步收获》，《北京文博》1995年第1期。

⑫ 北京大学考古学系、北京市文物研究所：《1995年琉璃河周代居址发掘简报》，《文物》1996年第6期；《1995年琉璃河遗址墓葬区发掘简报》，《文物》1996年第6期。

⑬⑩⑮ 琉璃河考古队：《琉璃河遗址1996年度发掘简报》，《文物》1997年第6期。

⑭ 北京市文物研究所、北京大学考古文博学院、中国社会科学院考古研究所：《1997年琉璃河遗址墓葬发掘简报》，《文物》2000年第11期。

⑮ 楼朋林：《琉璃河遗址2001年西周墓葬发掘简报》，载《北京文物与考古（第五辑）》，北京燕山出版社，2002年。

⑯ 王鑫：《琉璃河西周墓葬出土青铜礼器》，《中国文物报》2003年2月28日第1版。

⑰ 北京市文物工作队：《北京房山县考古调查简报》，《考古》1963年第3期。

⑱ 中国科学院考古研究所、北京市文物管理处、房山县文教局、琉璃河考古工作队：《北京附近发现的西周奴隶殉葬墓》，《考古》1974年第5期。

⑲ 晏琬：《北京、辽宁出土的铜器与周初的燕》，《考古》1975年第5期。

⑳ 北京大学历史系考古教研室商周组：《商周考古》，文物出版社，1979年。

㉑ 陈平：《北方幽燕文化研究》，群言出版社，2006年，第250—251页。

㉒ 鲁琪、葛英会：《北京市出土文物展览巡礼》，《文物》1978年第4期。

㉓㉕ 文物编辑委员会：《文物考古工作三十年（1949—1979）》，文物出版社，1979年。

㉔ 郭仁、田敬东：《琉璃河商周遗址为周初燕都说》，载《北京史论文集》，1980年。

㉕ 徐自强：《关于北京先秦史的几个问题》，载《北京史论文集》，1980年。

㉖ 王采枚：《燕国历史源流与夏家店下层、上层文化》，载《北京史论文集》，1980年；《古燕国考》，载《北京史论文集（第二辑）》，1982年。

㉗ 李学勤：《西周时期的诸侯国青铜器》，《中国社会科学院研究生院学报》1985年第6期。

㉘ 北京市文物研究所：《北京考古四十年》，北京燕山出版社，1990年，第40—50页。

㉙ 文物编辑委员会：《文物考古工作十年（1979—1989）》，文物出版社，1991年。

㉚ 田敬东：《琉璃河商周遗址》，《燕都》1991年第4期；《琉璃河商周遗址与北京的建都》，载《北京文物与考古（第三辑）》，北京燕山出版社，1992年；《琉璃河遗址发掘述略》，载《北京建城3040年暨燕文明国际学术研讨会会议专辑》，北京燕山出版社，1997年。

㉛ 赵福生：《西周燕都遗址》，《北京文博》1995年第1期。

㉝ 中国社会科学院考古研究所、北京市文物研究所、琉璃河考古队：《琉璃河燕国古城发掘的初步收获》，《北京文博》1995年第1期。

㉞ 陈平：《燕史纪事编年会按（上册）》，北京大学出版社，1995年，第62页。

㉟ 李伯谦：《北京房山董家林古城址的年代及相关问题》，载《北京建城3040年暨燕文明国际学术研讨会会议专辑》，北京燕山出版社，1997年。

㊱ 杜金鹏：《北京建城史和燕文化研究的新进展——"北京建城3040年暨燕文明国际学术研讨会"综述》，《史学月刊》1996年第1期。

㊲ 殷玮璋：《闭幕式致词发言》，载《北京建城3040年暨燕文明国际学术研讨会会议专辑》，北京燕山出版社，1997年。

㊳ 曲英杰：《先秦都城复原研究》，黑龙江人民出版社，1991年；《燕都蠡测》，载《北京建城3040年暨燕文明国际学术研讨会会议专辑》，北京燕山出版社，1997年；《燕都燕城及临易考》，《河北学刊》1996年第6期。

㊴㊐㊿⑯ 北京大学考古学系、北京市文物研究所：《1995年琉璃河周代居址发掘简报》，《文物》1996年第6期。

㊶㊽㊾㊿ 刘绪、赵福生：《琉璃河遗址西周燕文化的新认识》，《文物》1997年第4期。

㊷ 陈平：《燕亳与蓟城的再探讨》，《北京文博》1997年第2期；《燕都兴废、迁徙谈》，《北京社会科学》1998年第1期。

㊹ 北京大学考古学系、北京市文物研究所：《1995年琉璃河周代居址发掘简报》，《文物》1996年第6期。

㊻ 赵福生：《琉璃河遗址访谈录》，《北京文博》1997年第1期。

㊼ 雷兴山、郑文兰、王鑫：《北京琉璃河新出卜甲浅识》，《中国文物报》1997年3月30日第3版。

㊾ 雷兴山：《试论西周燕文化中的殷遗民文化因素》，《北京文博》1997年第4期。

㊿ 中国社会科学院考古研究所、北京市文物工作队、琉璃河考古队：《1981—1983年琉璃河西周燕国墓地发掘简报》，《考古》1984年第5期；北京大学考古学系、北京市文物研究所：《1995年琉璃河遗址墓葬区发掘简报》，《文物》1996年第6期；琉璃河考古队：《琉璃河遗址1996年度发掘简报》，《文物》1997年第6期等。

52 郭仁、田敬东：《琉璃河商周遗址为周初燕都说》，载《北京史论文集》，1980年；北京市文物研究所：《北京考古四十年》，北京燕山出版社，1990年，第40—50页。

54 张亚初：《燕国青铜器铭文研究》，载《中国考古学论丛——中国科学院考古研究所建所40周年纪念》，科学出版社，1993年。

55 张剑：《试论西周燕国殷遗民的政治地位》，载《北京建城3040年暨燕文明国际学术研讨会会议专辑》，北京燕山出版社，1997年。

56 孙华：《周代前期周人墓地》，载《远望集——陕西省考古研究所华诞四十周年纪念文集》，陕西人民美术出版社，1998年。

59 陈光：《西周燕国文化初论》，载《中国考古学的跨世纪反思》，香港商务印书馆，1999年。

60 柴晓明：《华北西周陶器初论》，载《青果集——吉林大学考古专业成立二十周年考古论文集》，知识出版社，1993年。

61 柴晓明：《论西周时期的燕国文化遗存》，载《北京建城3040年暨燕文明国际学术研讨会会议专辑》，北京燕山出版社，1997年。

62 65 中国社会科学院考古研究所、北京市文物工作队、琉璃河考古队：《1981—1983年琉璃河西周燕国墓地发掘简报》，《考古》1984年第5期。

66 中国社会科学院考古研究所、北京市文物工作队、琉璃河考古队：《北京琉璃河1193号大墓发掘简报》，《考古》1990年第1期；《考古》编辑部：《北京琉璃河出土西周有铭铜器座谈纪要》，《考古》1989年第10期。

67 陈平：《北方幽燕文化研究》，群言出版社，2006年，第270—282页。

68 何堂坤：《几件琉璃河西周早期青铜器的科学分析》，《文物》1988年第3期。

69 郭义孚：《北京琉璃河西周燕国墓地出土漆器复原研究》，《华夏考古》1991年第2期。

70 杜金鹏：《试论北京琉璃河西周墓地出土的玉冠饰》，《文物季刊》1997年第4期。

71 楼朋林：《琉璃河遗址2001年西周墓葬发掘简报》，载《北京文物与考古（第五辑）》，北京燕山出版社，2002年；王鑫：《琉璃河西周墓葬出土青铜礼器》，《中国文物报》2003年2月28日第1版。

72 楼朋林：《琉璃河出土的漆器与复原》，载《北京文物与考古（第五辑）》，北京燕山出版社，2002年。

73 张利洁、孙淑云、殷玮璋、赵福生：《北京琉璃河燕国墓地出土铜器的成分和金相研究》，《文物》2005年第6期。

74 杨学晨：《琉璃河西周燕国墓地出土玉器初探》，《中原文物》2007年第3期；《琉璃河西周燕国墓地出土的组玉佩与葬玉》，《才智》2009年第17期。

75 李秀辉、孙淑云、殷玮璋、赵福生：《北京琉璃河燕国墓地出土铜器铸造工艺的考察》，载《商周青铜器的陶范铸造技术研究》，文物出版社，2011年。

76 于力凡：《试析馆藏琉璃河西周燕国墓地出土的青铜车马器》，载《首都博物馆论丛2015》，北京燕山出版社，2015年。

77 印群：《论西周早期燕侯墓出土青铜面饰的功用》，《齐鲁学刊》2016年第6期。

78 任伟：《西周燕国铜器与召公封燕问题》，《考古与文物》2008年第2期。

79 李宝军：《西周早期的召公家族世系——以

青铜器铭文为中心的考察》，《洛阳考古》2013年第3期。

⑧ 朱凤瀚：《大保鼎与召公家族铜器群》，载《叩问三代文明——中国出土文献与上古史国际学术研讨会论文集》，中国社会科学出版社，2014年。

⑧ 曹斌、康予虎、罗璇：《匽侯铜器与燕国早期世系》，《江汉考古》2016年第5期。

⑧ 连劭名：《燕侯旨鼎铭文与周代的朝见礼》，《文物春秋》2013年第2期。

⑧ 陈隆文：《琉璃河1193号墓墓主再研究》，《中国文物报》2017年2月10日第6版。

⑧ 印群：《试析琉璃河遗址商代陶器分期及其殷遗民之来源》，载《2004年安阳殷商文明国际学术研讨会论文集》，社会科学文献出版社，2004年。

⑧ 杨勇：《琉璃河遗址"殷民墓"质疑》，载《北京平谷与华夏文明国际学术研讨会论文集》，社会科学文献出版社，2005年。

⑧ 印群：《论琉璃河遗址殷遗民墓的陶簋——兼谈该遗址殷遗民文化因素消长》，载《考古学集刊18》，科学出版社，2010年。

⑧ 冉宏林：《琉璃河遗址ⅡM251墓主试析——兼谈西周时期"多族徽多人名墓葬"的墓主身份判断方法》，载《夏商周方国文明国际学术研讨会论文集（2014中国广汉）》，科学出版社，2015年。

⑧ 冉宏林：《西周墓葬的陶簋与殷遗民——以琉璃河墓葬为主》，《四川文物》2019年第1期。

⑧ 李楠：《琉璃河遗址西周燕国墓葬陶器置放方式初探》，《北京文博文丛》2017年第4辑。

⑨ 任伟：《从考古发现看西周燕国殷遗民之社会状况》，《中原文物》2001年第2期。

⑨ 印群：《谈琉璃河遗址殷遗民墓之随葬车马坑》，载《三代考古（四）》，科学出版社，2011年。

⑨ 印群：《论北京房山琉璃河西周遗址殷遗民墓的腰坑殉狗》，载《琉璃河遗址与燕文化研究论文集——纪念北京建城3060年》，科学出版社，2015年。

⑨ 张雪莲、仇士华、蔡莲珍：《琉璃河西周墓葬的高精度年代测定》，《考古学报》2003年第1期。

⑨ 夏商周断代工程专家组：《夏商周断代工程1996—2000年阶段成果报告（简本）》，世界图书出版公司，2000年，第13—15页。

⑨ 北京市西周燕都遗址博物馆：《琉璃河遗址与燕文化研究论文集——纪念北京建城3060年》，科学出版社，2015年，第409—433页。

（作者单位：首都师范大学历史学院）

北京宝禅寺渊源考

史可非

宝禅寺是北京内城历史上一座著名的古刹，明成化时期在元代大承华普庆寺基址上建成，寺庙所在地也因此得名①。宝禅寺在清末改为广善寺之后，原寺僧人将位于武王侯胡同内的长寿庵购作新寺。大承华普庆寺、宝禅寺及相关的广善寺、天寿庵历史悠久，涉及内容广泛，承载信息丰富。本文在实地踏勘的基础上，通过梳理史料、查考文献对宝禅寺沿革进行回溯，并就其具有的历史、文化价值试做探讨。

一、元代初创——大承华普庆寺

大承华普庆寺，元代位于大都城太平坊顺城门内街西，即今西城区新街口南大街宝产胡同路北。据历史文献记载，此处原为大官达纳监龙兴的私第，后被献与徽仁裕圣太后。大德四年（1300），元成宗下诏改宅为寺，当时仅有佛殿三间。至武宗朝时，皇太子爱育黎拔力八达（武宗同母弟、元仁宗）感怀太后昔日教导之恩，于至大元年（1308）购买寺外民居，逐渐将原寺扩建为"跨有数坊"的大承华普庆寺②。元朝统治者对营建大承华普庆寺十分重视，设置正式机构专司此事："崇祥总管府，秩正三品。至大元年立大承华普庆寺都总管府。二年，改延禧监，寻改崇祥监。四年，升为崇祥院，秩正二品。泰定四年，复改为大承华普庆寺总管府。天历元年，改为崇祥总管府。定置达鲁花赤一员，总管一员，副达鲁花赤一

员，同知、治中、府判各一员，经历、知事、提控案牍兼照磨各一员，令史六人，译史、知印各一人，怯里马赤一人，奏差四人。……普庆营缮司，秩正五品。天历元年，始置普庆营缮提点所。三年，改为营缮司。定置达鲁花赤一员，司令一员，大使、副使各一员。"③

作为蒙古皇室重要的奉祀之所，大承华普庆寺营建工程历时数年，耗费巨大，寺院等级很高：至大元年二月己未，"以皇太子建佛寺，立营缮署，秩五品。"④至大四年（1311）冬十月辛未，"赐大普庆寺金千两，银五千两，钞万锭，西锦、彩段、纱、罗、布帛万端，田八万亩，邸舍四百间。……癸巳，诏置汴梁、平江等处田赋提举司，掌大承华普庆寺赀产。"⑤延祐三年（1316）秋七月辛酉，"赐普庆寺益都田百七十顷。"⑥至治元年（1321）二月己酉，"作仁宗神御殿于普庆寺"⑦。泰定元年（1324）夏四月庚申，"作昭献元圣皇后御容殿于普庆寺"⑧。同年八月辛亥，"遣翰林学士承旨翰赤祀太祖、太宗、睿宗御容于普庆寺"⑨。"神御殿，旧称影堂。所奉祖宗御容，皆纹绮局织锦为之。影堂所在……顺宗帝后大普庆寺，仁宗帝后亦在焉"⑩。"泰定三年三月二十日，宣政院史满秃传敕诸色府，可依帝师指授画大天源延圣寺前后殿，四角楼画佛，□□制为之。其正殿内光焰佛座及幡杆，咸依普庆寺制造……延祐四年十月九日，敕用鍮石铸燃灯弥勒佛二，普庆寺安奉。"⑪

近年相关研究发现，大承华普庆寺

基址范围为东西132步，南北234.5步，基址规模约为128.9亩。寺院建筑由南向北主要包括：山门，正觉殿，正觉殿北西侧为最胜殿，东侧为智严殿。最胜、智严殿外北侧东、西各立一塔，塔北建两堂，由连廊相接。两堂东、西各建高阁一座，西侧为供奉宝塔、经藏的总持阁，东为供奉金刚手菩萨的圆通阁。寺院最北建"真如""妙祥"二门，门外建殿堂两座，殿内分别供奉护法神与多闻天王。因碑文记载大承华普庆寺是以大圣寿万安寺（即今白塔寺）为范本建造的，因此寺内也应建四座角楼、山门外设铜幡杆一对[12]。此外，按碑文中所见"……以为常住，岁收其入，供给所须……"[13]"东庑通庖井，西庑通海会。市为列肆，月收僦赢，寺须是资"[14]等记载，不难推想当时寺院规模之大、寺产之丰。总之，敕建大承华普庆寺在当时十分重要，以"规模宏大著称，是元代规模最大的藏传佛教寺院之一。作为京城规模最大且有特殊背景的藏传佛教寺院，与藏族地区具有广泛的联系，仁宗皇帝择其予以特殊礼遇是有其明显政治用意的。"[15]

二、明代新建——宝禅寺

元朝末年，天下大乱，群雄并起。至正二十八年（1368），朱元璋称帝，改元洪武，定都南京。他在随后发布的《奉天讨元北伐檄文》中明确提出"驱除胡虏，恢复中华"，号召"天下"驱走元朝蒙古统治者。同年闰七月，徐达率明军北上通州。二十八日，元顺帝由健德门出奔上都。八月二日，明军克大都，降为北平府。当时大都城内的大承华普庆寺与不少敕建佛寺一样，作为异民族文化的代表也遭受了彻底性的破坏。《敕赐宝禅寺新建记》中记载："寺本元大普庆寺，在都城西北隅。武宗朝仁宗以母弟居春宫时创建，后毁废为民居。入国朝迄今百余年，竟莫知为梵刹地也。成化庚寅岁供用库奉

御古邻淳化麻俊赎为私第，方兴作斸土得旧碑，其文翰林赵承旨孟頫撰，方知为普庆旧址也。俊喜不自胜，语人曰：'寔天授我以种福也……'遂经营其地，见其狭隘，复购邻壤得若干步廑之，又敦请前善世南浦徒孙戒坛宗师善尊纲维其事。卜以是岁冬十一月兴工，首建佛殿，左右为伽蓝、祖师堂，次建天王殿，左右为钟鼓楼，又次建山门，佛殿之后为栖僧所及香积厨选佛场，凡廊庑库湢以及像设供具无乎不完。……尚衣监太监覃勤疏俊报酬之忱以闻，特赐额曰：'宝禅寺'。至丙申秋八月毕工……而普庆亦从而复兴于百余年后。"[16]

据此可知，大承华普庆寺毁废的具体时间不明，位于鸣玉坊内的寺址上陆续建起民居，乃至明成化之前已无人知晓这里曾是一座元朝敕建名刹。明成化六年（1470）供用库奉御太监麻俊在此修宅时，从土中掘出赵孟頫旧碑方知此处为元代大承华普庆寺旧址。麻俊认为此事为上天所赐"善缘""福田"，遂决定舍宅建寺。之后因见地面狭窄难以满足奉祀之需，又出资购买邻近土地，并请曾任僧录司善世[17]的南浦之徒孙善尊负责建寺具体事宜。工程于当年十一月启动，至成化十二年（1476）八月告竣，前后历时近六载，其间共得百余名太监资助（碑阴镌刻参与者名录）。重建寺院约为三进院落，建筑包括山门、天王殿、钟鼓楼；二进内有佛殿、伽蓝、祖师堂；三进内有僧房、香积厨、选佛场等。此外，寺内廊庑、库湢、佛像、供具等也无不齐备。尽管新建寺院无论从规模上还是地位上都难与昔日相比，但在大承华普庆寺创建一百七十余年、废毁约百年之后得以原址新建，于当时无疑也是一件引发广泛关注的"幸事""善功"，后经尚衣监太监覃勤疏请，由明宪宗敕赐"宝禅"寺名。《宛署杂记》也记载了建寺经过，与碑文记载一致："宝禅寺，元武宗时建，后废为民居。成化庚寅，太监麻俊修宅，得元赵孟

颓碑，知为普庆寺旧址，施为今寺。闻于上，敕赐今名。户部尚书万安记。"[18]自此，宝禅寺重开香火。至嘉靖年间，寺院已渐入凋敝，御马监太监姜杰等人又于嘉靖二十四年（1545）捐资修缮山门、殿堂等，工程于次年八月告竣，其间也得百余名太监资助[19]，遂使庙貌又得一新。

此外，在紧邻宝禅寺的正西侧还有一座明代敕建的正觉寺，也称正法寺（图一），清乾隆二十一年（1756）修缮之后又改回正觉寺[20]。《宛署杂记》记载该寺由黄高于成化十一年（1475）所建[21]，黄高为受明宪宗器重的司礼监太监。寺院建成后"东至宝禅寺，西至金玉口，南临官街，北抵帽儿巷。"[22]建筑有佛殿三间、褒善祠（褒扬黄高生前功绩）七楹，明宪宗赐额"正法"[23]。明宪宗、孝宗二帝之后追念黄高侍奉之功，不断赐给正觉寺田地、房舍等寺产。近来有研究通过地理方位分析认为，正法寺很有可能是大承华普庆寺基址范围的西界[24]。至20世纪40年代，该寺又与已外迁的宝禅寺产生渊源关系（详见后文"长寿庵"一节）。而在今宝产胡同的南、北两侧还现存两座可能与大承华普庆寺有关的寺庙。南边一座名普庆寺，位于今新街口南大街161号、

163号，但该寺始建年代文献记载不一：《宛署杂记》记载寺为辽天历三年建，明天顺庚辰（1460）重建[25]；清康熙十年（1671）《普庆寺香灯碑》记载其建于先唐，明万历十五年（1587）重修[26]。北边一座名祝寿寺，俗称响铃寺，位于今新街口南大街13号、21号，《宛署杂记》记载其"古名普庆。正德八年，上微疾，太监吴亮、焦宁重建，祷之。上闻，赐今名"[27]。因碑刻及文献记载不一，结合两座寺庙与宝禅寺方位关系，目前尚不能完全排除普庆寺、祝寿寺是从元代大承华普庆寺发展演变的这种可能性，在一些前贤的研究中也能见到类似观点："……从而可知，自宝产胡同向北，直达新街口皆在元代普庆寺的范围中。元代姚燧言寺'跨有数坊'，毫不为过。[28]"真实情况尽管有待考证，但已登录为西城区一般文物的正法寺、普庆寺及祝寿寺，无疑是最终解开答案重要而关键的实物资料。

三、清代变迁——广善寺、长寿庵

顺治元年（1644），清朝入关，定都北京。清朝统治者对佛教始终比较重视，采取扶持政策。顺治五年（1648），清廷诏令内城原居汉、回官民人等全部迁往外城居住，但"寺院庙宇中居住僧道勿动"[29]。清代宝禅寺所在地为正红旗满洲五参领十五佐领居址[30]，尽管在规模与影响力上难及同界内的广济寺与一街之隔的近邻护国寺（属正黄旗界内），但仍属本地区内的名刹大寺。据《钦定日下旧闻考》记载，宝禅寺在清康熙时期曾由大学士明珠（那拉氏，满洲正黄旗人）重修立碣，乾隆时又有大学士傅恒（富察氏，满洲镶黄旗人）再次修葺[31]。只

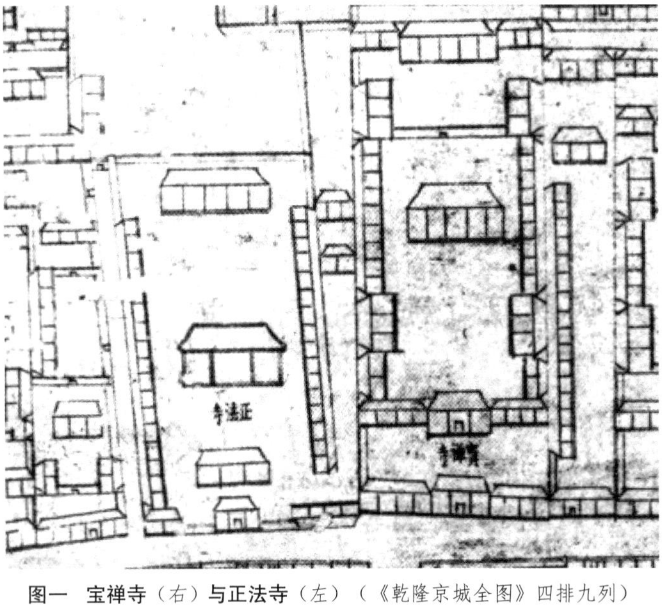

图一 宝禅寺（右）与正法寺（左）（《乾隆京城全图》四排九列）

图二 《康熙万寿盛典图》所绘宝禅寺（下方）

可惜清代碑碣、碑拓皆未传世，今已难知其详。从《康熙万寿盛典图》中所绘细部所见（图二），当时宝禅寺建筑有歇山顶屋面山门三间，寺内有钟鼓楼，后有重檐歇山顶大雄宝殿、配殿、配房等[32]。按雍正六年（1728）《六城寺庙清册》记载，"宝禅寺为大僧庙，住持正学，徒湛如，有殿宇三十六间，禅房五十二间。"[33]从《乾隆京城全图》对应位置（四排九列）来看，宝禅寺介于宝禅、帽儿两条胡同之间，寺院坐北朝南，共分四进，格局规整。主要建筑包括：山门三间，旁有临街房，东西各四间。一进内有前殿三间，东西各建四间北房两座。二进内有正殿五间，东西配殿各三间，各有朝南耳房两间。配殿北侧东、西侧各有房九间。正殿之后建墙垣一道，正中开门，内有后殿五间与东西耳房各三间，东西配殿各三间。在此后的一二百年间，宝禅寺应未发生太大变化。光绪二十一年（1895），为庆贺慈禧皇太后六十寿辰，由时任僧录司正印[34]行存（贤良寺住持）、副印显彻（万寿寺住持）二人提请，自十月初九至十一日率在京名刹住持48人于万寿寺排班唪经三日一事呈文内务府，在其文后所附

清单中宝禅寺列第19位，时任住持成祥[35]。按中国古代习俗五十岁为高寿（大寿），自此之后逢十做整寿。作为最高统治者的整寿庆典无疑是最重要的国事活动，由此亦不难看出在当时的京城寺院中宝禅寺仍占有比较重要的地位。

进入20世纪以后，情况陆续发生一些变化。光绪三十二年（1906）六月，宝禅寺内曾开办阅报社[36]，包括宝禅寺在内的一些京城寺庙在宗教、民俗等传统功能上增加了民众文化教育活动的内容，显露一丝新时代的气象。同年九月，设立于光绪二十九年（1903）的商部正式改为农工商部，并启动筹建农事试验场的具体事项。农事试验场总占地面积约71公顷，是在原乐善园、可园（俗称"三贝子花园"，1879年改名继园）与广善寺、惠安寺（也见写作"慧安寺"，在广善寺东，久废无考）旧址及周围部分官地、民房、稻田基础上所建，主要分为三大部分：万牲园主要用于展出清廷从海外购回及各国、各地捐赠的动物；博览园设大温室，以花卉种植为主；农产品试验场，广泛种植粮、棉、桑、麻、茶、蔬菜、果树和豆类。光绪三十三年（1907）六月五日，载泽、端方等人于出洋考察期间定购的斑马、花豹、狮子、老虎、袋鼠、鸵鸟等动物共59笼到达塘沽，两天后运抵北京。因园内各种设施尚未竣工，只得暂时寄养在当时已经破败的广善寺东空院内，又"将该寺之佛像拆弃，更于佛殿前安置铁栅，置虎豹于其中。"[37]因此有人也将广善寺称为万牲园，之后农事试验场也正式将寺庙购买并入场内。按《广善寺碑》所记，广善寺原在西直门外二里沟，明天顺七年（1463）由太监韦四等人捐家资所建，住持为慧德，明英宗敕赐寺额"广善禅林"。清乾隆年间，住持来琳将寺让与

怀一，改为十方禅林[38]。乾隆时期著名诗人法式善（伍尧氏，蒙古正黄旗人）在游览福康安的环溪别墅时曾到广善寺内吃饭并留下诗题[39]。广善寺被农事试验场占用后，住持达远[40]同意迁寺，遂购内城宝禅寺改建新广善寺，宝禅寺住持宫安[41]无奈只得买下西四武王侯胡同内的长寿庵作为新寺，宝禅寺自此正式易主。而在此事发生4年后的宣统三年（1911），宝禅寺曾出现在清朝官方记载中："专司巡护大臣载涛等奏禁军暨陆军第一镇已编为第三军，当即督饬两军人员悉心筹划，除将步队第二标调拨两营专司守卫禁门外，并将第三标移驻内城。步队第一标调拨一营，机关炮三队移驻宝禅寺陆军游艺院内。"[42]考虑记载时间、寺庙占地面积与房舍等因素，此处所说的宝禅寺实际是迁至此未久的广善寺这种可能性更高。

四、民国迄今

由前述可知，宝禅寺自明成化十二年建成至清光绪三十三年改为广善寺之后迁离，共历431年。而宝禅寺从迁离至今百余年的历史发展脉络即一分为二，一支为继承了宝禅寺建筑、设施等物质载体的广善寺，另一支即延续了宝禅寺名号、法系、香火等文化内涵的长寿庵。

（一）广善寺

在达远迁寺后的四十年间，广善寺先后有宝山、灵岩、鹫峰、慧三、常礼继任住持[43]。1928年北平特别市寺庙登记中见："广善寺，坐落内四区宝禅寺街九号，建于明成化年间，属私建。本庙面积约八亩余，山门大殿配殿等二十八间，住房四十八间半，灰棚七间，钟鼓楼各一座；附属土地平西冯村墓田地六十二亩半，附属房屋本寺东跨院灰房二十五间，灰棚十九间。管理及使用状况为除自住外办学，半助医院及出租。庙内法物有木质佛像三尊，罗汉像十八尊，泥质伽蓝像三尊，泥质祖师像三尊，木质菩萨及泥质关帝像九尊，铜钟两口，铁钟一口，铁鼎两座，铜磬一口，铜檀香炉一个，铁云牌一个，木梆一个，木鼓两个，木鱼三个，锡杖两根，锡供器八件，木供器十五件，瓦供器五件，泥供器八件，木质香案七张，漆面香案一张，《华严经》两部，《涅槃经》一部，《金光明经》一部，《慈悲法忏》两部，其他杂部残经一百余卷，《施食瑜珈集要》木刊板一份（计七十块），另有残碑四座。"[44]根据北京市档案馆相关档案记载，新广善寺与原宝禅寺一样，也热心公益活动，自民国十六年（1927）六月起，每年向民众施送回生丹，次年六月起又增添纯阳正气丸，均为免费赠送。七月，鹫峰在广善寺内创办学校，将十余间殿房作为教室，次年就有六十余名学生。此外，对北平中医院租用的寺内房屋也租金减半。广善寺山门石额上书"敕赐广善禅寺"，落款为"成化四年十一月吉日立"。此时的广善寺山门三间，内无佛像，有钟鼓楼但无钟鼓；一进内有天王殿三间，悬木牌二：一写"北平广善民众学校"，一写"广善禅院"。内供木质金身弥勒佛一尊及泥塑四大天王像，左侧供泥塑关帝、关平、周仓及马童像，另有关帝、关平、周仓三人小泥像。殿内有乾隆十二年（1747）造小铁五供一套。后有木胎金身韦陀立像一尊、泥罗汉一尊、木五供一套、康熙五十七年（1718）造云板一枚。前殿西配房五间为教室、东配房五间为教员室。二进内北侧有月台，正殿五间，木联落款为"丁亥长至后二日，皇六子集句并书"。殿内供三世佛托沙像三尊、十八罗汉坐像，刻铭"大明景泰七年（1456）仲春二月十九日铸"铜钟一口。后供木像观音两尊，七珍供器一份、明万历四十八年（1620）孟夏铸铁钟一口。大殿外两侧有石碑四通，东配殿三间为客堂，内供伽蓝泥像三尊。西配殿三间为禅堂，内供达摩祖师泥像三尊。院内有明正德五年（1510）铸铁宝鼎一座。另有大白玉洗手碗一只，古柏五株、古槐四株、楸树两株。呈文人慧三称以上法器、法物都是广善寺自乾隆以后陆续铸造或购置的。正殿之东西夹道内有东、西房屋各九间。三进内有北殿五间，东西各有北房三间，前有东西配殿各三间,后院内还有柏树四株。宝禅寺街6号、7号还有寺产灰房二十五间、灰棚十九间[45]。1933年，寺内民众学校因经费困难停办。住持慧三遂于次年在崇寿庵内创办圣化学校，学员僧俗兼收，平日由赵恩荣看管。庵房每月租金十四五元大半用于补助学校经费之用[46]。1936年第一次寺庙总登记中记载："广善寺（僧庙）坐落内四区宝禅寺街九号，建于明成化四年，属私建。不动产房基地约十五亩，墓田六十二亩半，房屋一百四十二间。管理及使用状况为住持自行管理，除供佛及僧舍外余房出租，墓田除茔葬外余地收租，用作本寺生活、修工、祭扫修墓及慈善事业。庙内法物有佛像二十四尊，神像十三尊，礼器五十件，法器十三件，经典六部又一百余卷，另有石碑四座。"[47]1937年，宝禅寺街6号内的烟铺与碓房歇业后寺方将6号门封闭[48]。对比两次寺庙登记信息可知，广善寺格局、建筑变化不大，与《乾隆京城全图》中所绘宝禅寺仍基本一致。

1942年，因宝禅寺街铺修马路，广善寺山门外的槐树被伐去[49]。1947年11月19日，广善寺住持慧三在第二次寺庙总登记中提交了寺址信息："第四区宝禅寺街广善寺9号"[50]。但是，宝禅寺街内实际并无"广善寺"字样的门牌号，报送人将宝禅寺9号写成广善寺9号有可能是出于强调宝禅寺街内的原宝禅寺早已变为广善寺的这一用意。1949年，常礼接任广善寺住持。为维持生计，僧人在寺内种菜并兼营磨面副业[51]。1950年，大仁麻袋厂成立，车间设在德外清凉庵与广善寺[52]。1952年7月7日，中国矿产公司租用广善寺房屋十三间，其余一百余间殿房中僧人自住与供佛的有三十八间。常礼等僧人也在大仁厂做工[53]。1953年春，北京市民政局成立

了全市性互助小组，将当时无人、无力管理的大而破旧的寺庙统一管理起来，西四区的广善寺、宝禅寺也名列其中[54]。1954年1月1日，北京市佛道教寺庙管理组在广济寺正式成立，随后动员全市僧尼120余人，历时四个月完成对市区寺庙财产的普查登记。当时广善寺建筑包括山门三间、钟鼓楼、前殿三间、中殿五间、配殿五间、东西禅房各三间、垂花门一座、后殿五间、东西配殿各三间[55]。1954年7月，北京市文物组接到民政局转来中央军委拟将广善寺正院改为殡仪馆征求意见的来函，对广善寺内的建筑、佛像进行勘察、鉴定后提出"寺为明式，鼓楼、大殿有艺术价值，正殿内的三宝佛、十八罗汉（塑像）为明代（之物），应妥善保管不宜改作殡仪馆"的回复意见[56]。至20世纪80年代时，广善寺仅存山门及中殿（建筑面积约320平方米）、石碑四座[57]，残殿（今宝产胡同8号、15号）由北京照明设备器材厂使用[58]，大帽胡同9、11号（原宝禅寺街6号、7号、9号）原有房屋一百九十一间，当时余七十五间，由西城按摩、南草

图三 宝禅寺原址
（今宝产胡同15号）

场煤铺使用[59]。1989年，广善寺曾以"广善寺大殿"的名称被公布为西城区文物保护单位，20世纪90年代中期拆除。广善寺大雄宝殿明间、次间天花上的藻井工艺高超、造型优美、特色鲜明，是北京地区明代藻井的范例，2005年移至新首都博物馆"古都北京·城建篇"专题展厅中[60]。此外，大殿"五踩、斜跳搭角闹昂头、高弧形昂嘴、不做鸳鸯交手横栱连身"的明式斗拱也具有一定建筑史料价值，由北京建筑工程学院（今北京建筑大学）保存了柱头科和角科各一攒[61]。通过实地调查，广善寺所在的宝产胡同15号（原宝禅寺街9号）已于1999年前后建成"国信苑"居民小区，寺迹无存（图三）。此外，现由1958年成立的北京按摩医院使用、已登录为西城区一般文物的宝产胡同7号四合院，也很可能与民国时期曾租用广善寺房屋的北平中医院存在一些渊源。

宝禅寺自明成化十二年建成、清光绪三十三年改为广善寺再至20世纪末完全消失，共存世523年。在此需要一提的是，清代并入农事试验场（民国后为天然博物院）、位于今西直门外大街141号北京动物园内西南侧的原广善寺，自20世纪50年代起隶属中国科学院[62]，得以按原格局保存至今。现存建筑包括山门三间、前殿三间及东西配殿各三间、后殿三间及东西配殿各三间[63]，已并入全国重点文物保护单位"清农事试验场旧址"进行整体保

图四 广善寺大殿（今北京动物园内）

护（图四）。

（二）长寿庵

宝禅寺迁入前的长寿庵，明、清时期位于武王侯胡同[64]，但在《乾隆京城全图》对应位置（五排九列）中并未标出，原因待考。在民国时期三次北平寺庙登记中仅见"宝禅寺"而无"长寿庵"之名。1928年北平特别市寺庙登记中记载："宝禅寺，坐落内四区武王侯胡同十八号，建立年代失考，属私建。本庙面积约三亩，房屋四十五间；附属坟地七十八亩。管理及使用状况为除自住外出租。庙内法物有三世佛三尊，迦叶阿难两尊，弥勒菩萨一尊（以上铜像），释迦佛，迦叶阿难，圆通菩萨，观音菩萨，善财龙女各一尊（以上木像），罗汉十八尊，韦驮一尊，达摩祖师一尊，关圣帝君一尊，周仓，关平，马童三尊，马一匹，以上泥像，木五供三份，大铁钟三口，小铜钟一口，铁磬三口，铁面牌一面，木鱼两个，殿鼓一面，《大涅槃经》三十本，《法华经》一部，《华严经》一部。"[65]1936年北平市第一次寺庙调查登记中见："宝禅寺（僧庙），坐落内四区武王侯胡同十八号，其建立年代无从考查，经本寺前住持宫安于光绪三十三年置买，属私建。不动产土地约三亩；附属塔院坟地七十八亩，坐落于平西韩家川村，佛殿及群房共五十三间，内有平房十一间。管理及使用状况为自行管理，除供佛及僧舍外出租。庙内法物有铁钟三口，铁磬三口，铁云牌一面，铜钟一口，木鱼两个，殿鼓一面，佛像三十七尊，礼器十五件，经典三部，另有石碑两座，大小槐树两棵，铁树四棵，松树两棵。"[66]1947年9月4日，宝禅寺住持学海在北平市第二次寺庙总登记中提交寺址信息为"第四区武王侯胡同18号。"[67]由此可见，宝禅寺迁入的长寿庵为一座私建小型寺庙，供奉神祇则见佛道杂糅特点。

20世纪50年代，北京文物整理委员会工作者通过实地调查将宝禅寺定为重要性第三等的丙级古建筑，称其"相传

图五 长寿庵山门 （今西四北八条37号）

为元刹，明清重建重修"并专门在文末对寺庙迁址一事进行了补充说明[68]，但不知出于何种原因并未提及位于原宝禅寺内广善寺的相关情况。另查《北京名胜古迹辞典》《北京文物地图集》等文献均称长寿庵为元代始建，但所据未明。因长寿庵现有明万历十七年（1589）至二十年（1592）《华藏弥陀寺重修碑》、清乾隆五十九年（1794）《长寿庵创建记》等石刻传世，目前可以明确长寿庵在明、清时期曾经历几次重修。值得一提的是，1933年，宝禅寺街正觉寺住持至峰正式将住持之位让与宝禅寺住持润波，正觉寺自此成为宝禅寺的下院[69]。润波之后学海继任住持，至20世纪50年代时仍统管两寺[70]。不过，周边居民至今仍习惯称长寿庵，宝禅寺之名始终未得认同[71]，北京民间也因为宝禅寺这段有些戏剧性的"变庵为寺"史而有了"跑得了和尚也跑得了庙"的谐谑一说。现存长寿庵格局完整，建筑包括山门三间（图五）、前殿三间、中殿三间及东西配殿各三间、后殿三间、敬业堂（僧房）五间，以宝禅寺作为正式名称登录为西城区一般文物。

五、结语

综上可见，宝禅寺与其"前世"大承华普庆寺及后来的广善寺、长寿庵交织构成一部自元至今绵延七百余年的变迁史，其本身不仅经历了兴衰起伏、宗派流变（从藏传佛教到汉传佛教）、寺庙迁移的传衍递进，同时还是中国近代农学、博物学及中华人民共和国成立后首都宗教事业发展的参与者与贡献者，具有较高的历史、文化、社会价值。尽管宝禅寺建筑已不复存在，但其悠久的历史、深厚的文化积淀应进行挖掘与整理，而对与其关系紧密并保存至今的长寿庵、广善寺，也应加强相关研究，探索更为合理的保护及利用方式。

① 1911年以后宝禅寺胡同称宝禅寺街，俗称"宝禅寺"，1965年改为宝产胡同。参见段炳仁主编：《北京胡同志》，北京出版社，2007年，第373页。

②⑭（明）姚燧：《普庆寺碑》，参见吴廷燮：《北京市志稿·宗教志》卷2《释教志二》，北京燕山出版社，1998年，第52—55页。

③《元史》卷87《百官志三》，中华书局，1976年，第2209—2210页。

④《元史》卷22《武宗本纪一》，中华书局，1976年，第496页。

⑤《元史》卷24《仁宗本纪一》，中华书局，1976年，第547页。

⑥《元史》卷25《仁宗本纪二》，中华书局，1976年，第574页。

⑦《元史》卷27《英宗本纪一》，中华书局，1976年，第610页。

⑧《元史》卷29《泰定帝本纪一》，中华书局，1976年，第646页。

⑨《元史》卷29《泰定帝本纪一》，中华书局，1976年，第650页。

⑩《元史》卷75《祭祀志四》，中华书局，1976年，第1875页。

⑪（元）佚名著，秦岭点校：《元代画塑记》，人民美术出版社，1964年，第23、30页。

⑫㉔ 姜东成：《元大都大承华普庆寺复原研究》，《建筑师》2007年第2期。

⑬ 任道斌编：《赵孟頫文集》，上海书画出版社，2010年，第207—208页。

⑮ 李德成：《元仁宗藏传佛教管理探微》，《世界宗教研究》2011年第6期。

⑯ 明成化十三年（1477）《宝禅寺碑》，北京大学图书馆藏碑刻拓片典藏第D304：293号。

⑰ 洪武十五年（1382），明朝仿唐、宋制在京设僧录司、各府设僧纲司、州设僧正司、县设僧会司。僧录司诸僧官由礼部任命，主官为正印、副印，下设左右善世、阐教、讲经、觉义各一人。

⑱㉑㉗（明）沈榜：《宛署杂记》卷19，北京古籍出版社，1961年，第224页。

⑲ 明嘉靖二十五年（1546）《宝禅寺碑》，中国国家图书馆藏碑刻拓片北京399号。

⑳㉛（清）于敏中等：《钦定日下旧闻考》卷52，北京古籍出版社，1983年，第833页。

㉒ 明弘治十四年（1501）《正觉寺敕谕碑》，中国国家图书馆藏碑刻拓片北京313号。

㉓ 明弘治十四年《正法寺褒善祠碑》，中国国家图书馆藏碑刻拓片北京309号。

㉕（明）沈榜：《宛署杂记》卷19，北京古籍出版社，1961年，第224页。作者按：此处年代记载有误，查辽代无"天历"年号，如为辽天庆三年即1113年，如为元天历三年即1330年。

㉖ 清康熙十年（1671）《普庆寺香灯碑》，中国国家图书馆藏碑刻拓片北京397号。

㉘ 刘之光：《大护国仁王寺觅址》，《北京文博》2001年第1期。

㉙《清世祖实录》卷40"顺治五年八月辛亥"条，中华书局，1985年，第319页。

㉚（清）纪昀等纂，李洵等校点：《钦定八旗通志》卷30，吉林文史出版社，2002年，第524页。

㉜（日）瀧本弘之编：《清朝北京都市大图典：康熙六旬萬寿盛典图·乾隆八旬萬寿盛典图》，東京遊子館株式会社，1998年，第66—67页。

㉝ 中国社会科学院历史研究所藏清雍正六年《六城寺庙清册》"宝禅寺"。

㉞ 清朝在入关前的后金天聪六年（1632）已设僧道官，入关后又置阐教等职，京师东西南北城各设僧官八处。参见张德泽：《清代国家机关考略》，学苑出版社，2001年，第60页。作者按：民国政府后核准设立中华佛教总会，存续长达一千六百年的僧官制度才终告结束。

㉟ 丁进军：《光绪年间部分寺庙住持名录》，《历史档案》2005年第2期。

㊱ 1906年6月15日，《京话日报》西北城阅报社在宝禅寺内开讲，住持不仅提供房屋、桌椅，还另备茶水，不取分文。参见彭望苏：《北京报界先声——二十世纪之初的彭翼仲与京话日报》，商务印书馆，2013年，第123页。

㊲ 刘珊：《万牲园史考》，《文物春秋》2003年第3期。

㊳ 民国二十年（1931）《广善寺碑》，北京大学图书馆藏碑刻拓片典藏第15924号。

㊴ 张润普：《读"乐善园和三贝子花园史料"书后》，《文物参考资料》1958年第5期。

㊵ 碑文此述与前引光绪二十一年内务府档案记载相符。广善寺位列48座寺庙中第17位，住持为达远。参见丁进军：《光绪年间部分寺庙住持名录》，《历史档案》2005年第2期。

㊶㊻ 北京市档案馆：《北京寺庙历史资料》，中国档案出版社，1997年，第439页。

㊷《宣统政纪》卷62"宣统三年九月乙丑朔"条，中华书局，1987年，第1130—1131页。

㊸ 民国二十年《广善寺碑》，北京大学图书馆藏碑刻拓片典藏第15924号；北京市档案馆藏《北平市民政局民族事务科·本市寺庙情况查询记录》，档号196-1-3，1949年，第22页。

㊹ 北京市档案馆：《北京寺庙历史资料》，中国档案出版社，1997年，第106页。

㊺ 北京市档案馆藏《北平市社会局·内四区广善寺僧人慧三登记庙产的呈文及社会局的批示》，档号J2-8-437，1931—1942年，第16页。

㊻ 作者按：崇寿庵，也称崇寿寺。《宛署杂记》记载其始建于明嘉靖三十四年（1555），清代沿用并扩建。原址位于西直门内大街路北56号（今西直门内大街与马相胡同交叉处东南口），现已无存。1913年8月，岫明从能像手中购得寺产，后于1926年传给慧三直至1949年护云接任住持。参见北京市档案馆藏《北平市社会局寺庙类·内四区崇寿寺僧人慧三，登记庙产的呈文及社会局的批示》，档号J2-8-468，1930—1936年，第24—30页；《北平市民政局民族事务科·本市寺庙查询记录》，档号196-1-3，1949年；《北平市民政局民族事务科·西四区·僧、尼寺庙登记表》，档号196-1-

18，1952年，第95页。

㊼ 北京市档案馆：《北京寺庙历史资料》，中国档案出版社，1997年，第446页。

㊽㊾ 北京市档案馆藏《北平市社会局·内四区广善寺僧人慧三登记庙产的呈文及社会局的批示》，档号J2-8-437，1931—1942年，第16页。

㊿ 北京市档案馆：《北京寺庙历史资料》，中国档案出版社，1997年，第699页。

51 北京市档案馆藏《北平市民政局民族事务科·本市寺庙情况查询记录》，档号196-1-3，1949年，第22页。

52 北京市地方志编纂委员会：《北京志·民族·宗教卷·宗教志》，北京出版社，2007年，第38页。

53 北京市佛教协会藏《北京市民政局·民族事务科西四区僧、尼寺庙登记表》，档号196-1-18，1952年，第95页。

54 北京市地方志编纂委员会：《北京志·民族·宗教卷·宗教志》，北京出版社，2007年，第36页。

55 57 北京市文物事业管理局：《北京名胜古迹辞典》，北京燕山出版社，1989年，第162页。

56 北京市档案馆藏《北京市文物组关于广善寺做殡仪馆之用的问题经勘察鉴定应妥善保管不宜作殡仪馆的意见给民政局的函》，档号011-001-00361-004，1954年，第1页。

58 《西城区地名志》编辑委员会：《北京市西城区地名志》，北京出版社，1992年，第168页。

59 北京市西城区文物保护研究所藏《福绥境房管所管段佛道教房产表》10广善寺，第10页。

60 北京市文物局：《北京文物地图集》，科学出版社，2007年，第95页。

61 徐怡涛：《明清北京官式建筑角科斗拱形制分期研究——兼论故宫午门及奉先殿角科斗拱形制年代》，《故宫博物院院刊》2013年第1期。

62 朱家溍：《"乐善园"和"三贝子"花园的有关史料》注十四，《文物参考资料》1957年第6期。

63 北京市文物局：《北京文物地图集》，科学出版社，2007年，第88页。

64 明代因武安侯郑亨府第在此而称武安侯胡同，属鸣玉坊。清代演为五王侯胡同，为正红旗地界，1911年后又演称武王侯胡同，1965年更名为西四北八条。参见段炳仁主编：《北京胡同志》，北京出版社，2007年，第373页；《西城区地名志》编辑委员会：《北京市西城区地名志》，北京出版社，1992年，第169页。

65 北京市档案馆：《北京寺庙历史资料》，中国档案出版社，1997年，第114页。

67 北京市档案馆：《北京寺庙历史资料》，中国档案出版社，1997年，第685页。

68 文化部文物局北京文物整理委员会编：《北京文物建筑等级初评表》，1952年，第14、32页。

69 北京市档案馆藏《北平市社会局·内四区正觉寺住持至峰呈请登记庙产及社会局的批示》，1932—1936年，档号J2-8-838，第98页。

70 北京市佛教协会藏《北京市民政局·民族事务科西四区僧、尼寺庙登记表》，1952年，档号196-1-18，第95页。

71 北京市文物局：《北京文物地图集》，科学出版社，2007年，第84页。

（作者单位：北京市西城区文物保护研究所）

东正教在京遗迹寻踪

刘文丰

东正教是基督教三大派别之一，亦称希腊正教。是罗马帝国分裂后，在以希腊语为中心的东部教派基础上发展而来的。元朝时期，东正教徒开始进入中国活动。14世纪中叶，已有大量俄罗斯军士被调遣至元大都。据《元史·文宗本纪》载："置宣忠扈卫亲军都万户府，秩正三品，总斡罗思军士，隶枢密院……立宣忠扈卫亲军都万户营于大都北，市民田百三十余顷赐之……甲寅，改宣忠扈卫亲军都万户府为宣忠斡罗思扈卫亲军诸指挥使司，赐银印。"[①]此外，《元史》中还有几处记载了蒙古诸王向朝廷献斡罗思人口的情况，总数达数千人。除"斡罗思"外，俄罗斯在元代还有"斡罗斯""兀罗思""兀鲁思""阿罗思"等名称。但随着元朝的灭亡，这些俄罗斯人的信息也随之消失，在明代的典籍中已不见踪迹。直至清康熙二十四年（1685），东正教才第二次传入中国内地。

一、清前期的北京东正教建筑

1. 俄罗斯北馆

17世纪中叶，沙俄帝国将"探寻新土地"的殖民运动扩展到东西伯利亚边缘。他们趁清军大举入关逐鹿中原之际，派遣武装力量入侵中国黑龙江流域的雅克萨，

并建立了要塞。1685至1686年，康熙帝先后两次派兵征讨，收复雅克萨，还俘虏了一批俄国战俘。其中有45人（一说近百人）[②]被押解回京，安置在东直门内胡家圈胡同，享受旗人待遇，保持原有宗教信仰。其中有一位东正教司祭马克西姆·列昂捷夫（Maxim Leontiev）继续在俄侨中从事宗教活动。康熙帝将一座庙宇拨给这批俄侨，作为临时祈祷所。这就是北京人所谓的"罗刹庙"或"俄罗斯北馆"，是北京最早的东正教堂（图一）。这里由于供奉着尼古拉圣像，因此被称作"圣尼古拉教堂"。这座建筑虽然是东正教堂，但"其外观为佛教小庙形状，四周有回廊，南向开门，其中陈设起初非常简陋。圣像壁可能为阿尔巴津人亲自制作，或许得到了天主教教士的协助。后来他们又为俄国

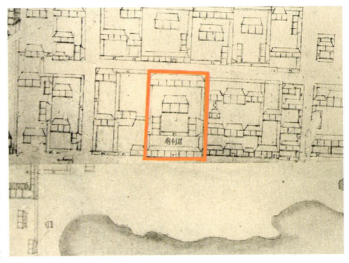

图一 《乾隆京城全图》中标注的罗刹庙（俄罗斯北馆）平面图

教堂绘制了圣像。圣像不太多，圣器更少。"③

1696年沙俄教区派遣神父与列昂捷夫一起，共同举行了对圣尼古拉教堂的祝圣仪式，并将其正式命名为"圣索菲亚教堂"。这次圣化更名对北京第一座东正教堂意义重大。一方面这表明俄国教会承认了列昂捷夫主持教堂的合法性，并将这座教堂归于沙俄的控制之下；另一方面则依据东正教的布道传统，即把在某一国家的某一城市建立的第一座东正教堂以"索菲亚"之名命名，"就如君士坦丁堡、基辅、诺夫格罗德以及其他主要城市在基督教开始传播时修建索菲亚教堂一样"④，期望俄国东正教势力以此为开端，在华发展壮大。

但是，更名后的圣索菲亚教堂在1730年8月19日的地震中坍塌。之后雅克萨战俘及其后裔通过集资和务工等形式，重新修建了这座教堂。

据《东正教在华两百年史》描述，北京圣索菲亚教堂为一低矮的石砌建筑，（平面）四方形，取中国房屋式样。圆顶和十字架均很小，用木头制作，外包白铁皮。房顶覆筒瓦。东、西和北面的石墙上各架梁檩，上面各有两个木托架。在北面房顶的梁檩之间有一个不大的洞，南墙有石头地基，但墙体却是用木板所做。教堂门前的平台上铺方砖，围以木栏杆。平台上的入口有两级石台阶。教堂四周的通道有1.5俄尺（约合45.7厘米）宽。从平台上通过对开格棂门可以进入教堂。它南面是斋堂的入口，前面是有两级石台阶的平台。门是木构，有门轴，带铁锁。斋堂有两个进门和两个没有插销的窗户。斋堂的地用小砖铺砌，顶棚是木构。祭坛与教堂的地面是用普通方砖铺成，顶部也是木构。在祭坛、教堂和斋堂的墙里立有12根木柱用以加固：有的上糊纸，有的被嵌入墙体之中。祭坛、教堂和斋堂中的墙围用青砖砌成。墙围上方东、北、西三面（或

图二 清代中期绘制的北馆版画

许说的是墙）刷石灰。祭坛、教堂和斋堂南墙各有一个棂窗，上糊草纸。教堂上横置着一根木梁，上有两个托架用以支撑房顶。（教堂）还有一个不大的石头钟楼，上面是用木头增建的部分，或者叫气楼，里面有重量不等的三口钟和两个用来敲击的铜缸⑤。总之，从这段描述我们可以看出，尽管圣索菲亚教堂所用材料极为简陋，但其建造者并未因此而牺牲其宗教功能（图二）。

圣尼古拉教堂一直是雅克萨战俘的礼拜场所，1715年第一届俄国东正教驻北京传教团即在此驻足。1734年1月7日，这届传教团学生中的卢卡·沃耶伊科夫于北京逝世。其生前曾在安定门外购置土地，建造别墅。沃耶伊科夫将这块土地赠予传教团，并让人将其安葬于此。自此以后，这块土地成为俄国传教团的专属墓地⑥，后逐渐扩大，加筑石砌围墙，形成所谓的青年湖东正教墓地。

雍正六年（1728），中俄《恰克图条约》规定在东交民巷会同馆建立奉献节教堂（俄罗斯南馆），至此俄国传教团从第二届开始主要以奉献节教堂为活动中心，北馆退居次要地位。

1730年8月19日，根据信使索洛维约夫的报告，北馆在地震中全部倒塌。教堂中的圣器被搬迁至新修建的俄罗斯南馆保存。为此教堂长和教众出资利用旧料新材重建北馆。1732年8月5日，此教堂被圣化为圣母升天教堂，但仍沿用尼古拉教堂的

名称。根据当时（1736年）的描述，"尼古拉教堂用石头建造，有一个拱顶，小顶上镀了金，教堂钟楼由四根木柱子支撑，内有一口大钟，两个中国大缸和四个生铁铸的铃铛"。圣障的中门雕有花纹，破旧不堪（或许来自老北馆）⑦。

2. 俄罗斯南馆

俄罗斯南馆的前身是始建于明代的会同馆（图三），位于东江米巷玉河桥西。1689年中俄签订《尼布楚条约》后，清政府对俄国来华商队和使团特设馆舍安置，以便其居住和交易货物。1694年，清廷"确认馆舍专供俄人居停之用"⑧。会同馆为中式院落，院内很宽敞，但房屋年久失修。其中许多已破败不堪。大院有砖围墙，高一沙绳半（十英尺半）。院内建筑都是铺瓦的砖平房，室内是木椽顶瓦，不用铁巴钉⑨。有四个门，院子中央是一个大客厅，四周是一排类似营房的厢房，间数足够那些携带皮货前来北京换成银子作为修士大司祭及其属下人员的薪俸的小规模商队使用⑩。

图三　会同馆鸟瞰

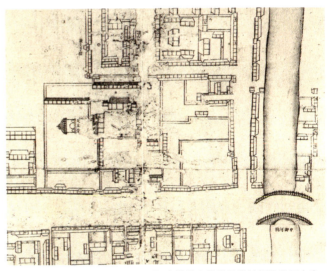

图四　《乾隆京城全图》中俄罗斯南馆的奉献节教堂被标注为天主堂

雍正六年，中俄签订《恰克图条约》。条约第五款订明准许俄人在北京建设教堂，由此中国东正教会正式得到清政府的承认。清政府还出资为俄国传道团在会同馆内兴建了新的东正教堂，命名为"奉献节教堂"，俗称"俄罗斯南馆"（图四）。

1727年12月28日起，俄罗斯南馆运来大量砖、木、石材，筹备建设北京第二座东正教堂。次年1月12日开始在此破土奠基，构木凿石。除内部装修外，该教堂计划在两月内完工。教堂依照法国教堂（蚕池口教堂）的式样修建，但规模仅为后者一半。工程本身按照中国方式进行，即在

砖头地基和几个角上砌上削平的石头，然后将12根木头柱子（北、南墙各5根，西墙2根）立在上面作为房子的框架。这些柱子被固定在四方形的基石之上，上面用大梁相接，再将系梁横架于上，再上面便是人字叉梁。柱子之间为砖墙，而在砖层中间砌有一层石块。从房子外面看不见柱子，却有一半从里面露出墙来。在人字叉梁上钉上板条，上面铺木板，然后盖一层厚厚的和有生石灰的泥，再上面就是圆瓦盖顶，顶子的坡四面都有些凹陷。房子的斜脊用花形砖砌成。屋顶下的房檐同样用削磨过的砖垒就。西面的山墙饰有4根半露于墙外的圆形砖柱，下面垫有打磨好的四方基石。这些柱子的高度不及教堂

西墙的一半，上面用磨砖垒砌出檐，带有花纹图案。房檐上方还有一排不大的扁平柱子，伸出墙外1.5俄寸（约合6.66厘米），支撑起教堂的整个飞檐。飞檐之上用雕砖砌了一堵小山墙，从西面挡住房顶有1俄尺10俄寸（约合115.5厘米），北面和南面的顶子也有一部分被遮挡住了。教堂通过8个（南北各4个）仿照意大利式样而开的半圆形（形似打开的扇子）窗户及西面中门上方的一个圆形窗户采光。窗户离地面2俄丈零1俄寸（约合431.2厘米）。教堂入口处有一用石板铺砌的平台。这种建筑方式后来证明非常保险。1730年8月19日很多房屋在北京大地震中被摧毁，包括一些基督教堂，唯独俄国教堂得以保全，只是东南方向出现一道裂缝，没有危害到整个建筑[①]。

嘉庆十三年（1808）五月，理藩院奏请对俄罗斯南馆进行了修缮维护。这次修缮，由工部大臣瑚图礼、刘权之奉命赴俄罗斯南馆勘查预算造册，由大臣禄康、邹炳泰二人承办监修工程。清代档案记载了这次修缮的情况：共计修缮房屋66间，因坍塌无存补盖房1间、墙垣坍塌拆盖5间、屋梁歪闪屋顶渗漏拨正修补6间，有53间屋顶渗漏揭瓦补盖，还有1间插补勾抿。另外，工部还将南馆的各座门楼、院墙、影壁、甬道、暗沟等全面整修。这次修缮，还将馆内的"奉献节教堂"修整一新，教堂内供奉的尼古拉圣像和龛案全都重新油彩和裱糊。到嘉庆十三年底修缮工程告竣，内务府广储司共拨放银款近5000两[②]。

从康熙五十四年（1715）第一届俄国驻北京传教士团来京进驻北馆"罗刹馆"，到咸丰十年（1860）俄罗斯馆南馆成为俄国驻华公使馆，共有14届150多名传教士和留学生在俄罗斯馆活动，他们是俄罗斯馆的实体，在中国起着俄政府官方代表的作用，从此来华的俄国使臣和商旅等均在此下榻并进行外交宗教活动。

二、近代以来北京东正教的发展

1858年《天津条约》的签订，为基督教重新打开了中国的大门。1860年，按照中俄《北京条约》的规定建立俄国使馆，传教团不再承担外交使命。在这种情况下，东正教开始扩大在中国的传教工作。1861年传教团第一次走出北京城，在通州东定安村建立起传教点和学校。

传教团从第十四届开始，又迁回北馆，这里重新成为俄国东正教的传教中心。1900年6月，北馆在义和团运动中被毁。随后俄国利用庚子赔款对其大规模扩建，占地达12公顷（图五）。馆内修建了圣母安息堂、英诺肯提教堂、教众致命堂、钟楼（图六）、图书馆、修道院、学校、观象台、磨坊、养蜂房、牛奶场、工艺厂、印字房、订书房等建筑。也有中国人为了谋生，开始信仰东正教。俄国传教团在西山门头村、通州东定安村等处也建有传教点。

1903年北馆在东北部建墓埋葬中国东正教徒。1904年又在墓穴之上建成教众致命堂。1906年，教众致命堂上又加盖一

图五 20世纪初北馆鸟瞰

Колокольня Миссіи надъ Св. воротами.

图六 俄罗斯北馆南门钟楼

图七 教众致命堂旧影

图八 英诺肯提教堂入口

层，建成圣尼古拉教堂，用于供奉莫扎伊斯克古城显圣者尼古拉圣像。1913年，为纪念罗曼诺夫王朝建立300周年，俄国曾计划在北馆南部（即今南馆公园位置）修建耶稣复活大教堂，并举行了奠基仪式。圣务院批准在全俄国范围内募集资金，但由于第一次世界大战爆发，这一计划没有实现。1955年，北馆及财产移交苏联大使馆，教众致命堂及钟楼等大部分建筑被拆毁。

教众致命堂为典型的十字形东正教堂，堂顶有五个带十字架的葱头式拱形堡，底层沿南北两侧对称布置墓室和柱廊，西立面设有两层的翼楼，内部装饰华丽，有两座楼梯。整个建筑造型带有"新俄罗斯风格"的艺术特点，反映了俄罗斯古代木结构教堂的传统特色（图七）。

英诺肯提堂原为清康熙第十二子允祹的履亲王府。到光绪年间，履王后裔已降为镇国公。1901年后王府划拨给俄罗斯北馆，作为主教府教堂和神职人员住宅。王

图九 英诺肯提教堂内景

图一〇　俄罗斯北馆图书馆旧影

图一一　圣母安息堂旧影

图一二　青年湖俄国墓地及圣谢拉菲木教堂

府装修按东正教风格进行改造，部分建筑保存至今（图八、图九）。

1914年，俄罗斯北馆在原履王府后花园新建了一座图书馆。图书馆采用砖石结构，是一座带地下室的平房，设有4个大厅，藏有俄文、斯拉夫文、希腊文等图书约4000册（图一〇）。

圣母安息堂作为主教座堂，位于英诺肯提堂西南（图一一）。普通教友去世后，由神父在此为亡者祈祷后送往墓地。

俄国墓地位于今安定门外青年湖一带。墓地内的圣谢拉菲木教堂，建于1903至1906年（图一二）。坐西朝东，为拜占庭式建筑，平面呈十字形，堂顶有一半圆拱形堡，上带十字架。堂体最宽处约16米左右，通进深27米左右，前半部呈半圆形，中部南北两侧各有一半圆形门。堂内分为"圣所"和"致圣所"两部分。圣所在东部，宽8.6米，深11.2米，供祈祷之用，是教堂内最神圣的场所。圣所东北角有一祭台，上置一木柜，内盛圣盂、圣油等物。宝座前面的东墙上，中开一窗户，上嵌五彩花玻璃，两边有圣画。圣所两旁开有木制圣隔门，可供祈祷时出入。圣所中木制大门的雕刻极为精美，整个堂内的装饰也金碧辉煌、富丽典雅。教堂有地下室，为停放灵柩的场所。堂西便是俄国东正教墓地。1957年北馆拆除时，曾将教众致命堂下的棺木改埋于此。1987年教堂拆除时，曾出土了一些墓碑[13]。

从1729年到1861年，俄国传教团一直以南馆为驻地（图一三）。1861年后这里成为俄国公使馆所在地，传教团迁往北馆。光绪二十五年（1900）义和团运动爆发后，俄国派驻北京的第18任修士大祭司

图一三　南馆教堂版画形象

图一四 圣母安息堂现状

图一五 原履亲王府寝殿、配殿

英诺肯提乙·费古罗夫斯基急忙带领一部分亲信和俄籍神职人员及仆役，从北馆逃往东交民巷俄国使馆避难。

俄国"十月革命"胜利后，大部分原俄国神职人员不承认苏维埃政权，滞留中国。1945年中国抗战胜利之后，北京东正教总会及各地分会的俄籍神职人员都恢复了苏联国籍。1956年俄籍主教维克托尔接到莫斯科牧首的指令，限期回国。至此，北京东正教会由中国神职人员管理，东交民巷内的东正教堂结束了宗教活动。1917年俄国"十月革命"后，这里成为苏联使馆驻地。1956年后，苏联使馆迁往北馆现址，南馆交还中国，现为最高人民法院办公地。

三、现状

如今，北京东正教的建筑已所剩无

几，只在今俄罗斯大使馆内还保留了圣母安息堂和履亲王府寝殿、配殿、罩楼等建筑遗存（图一四、图一五）。目前这些建筑保存较好，但并没有文保单位身份，值得深入研究，挖掘文化价值。

---

① 《元史》卷三十四、三十五。

② 杨森富：《中国基督教史》，台湾商务印书馆，1968年，第191页。

③ АдоратскийН.ИсторияПекинскойДуховнойМиссии в первыйпериодеедеятельности(1685—1745)//ИсторияРоссийскойДуховнойМиссиивКитае. С. 55-56.

④ КраткаяисториярусскойправославноймиссиивКитае，составленнаяпослучаюисполнившегося в 1913 г. двухсотлетнегоюбилеяеесуществоания.С.15.

⑤ （俄）尼古拉·阿多拉茨基著，阎国栋、肖玉秋译：《东正教在华两百年史》，广东人民出版社，2007年，第236页。

⑥ （俄）尼古拉·阿多拉茨基著，阎国栋、肖玉秋译：《东正教在华两百年史》，广东人民出版社，2007年，第104页。

⑦ （俄）尼古拉·阿多拉茨基著，阎国栋、肖玉秋译：《东正教在华两百年史》，广东人民出版社，2007年，第99页。

⑧ 蔡鸿生：《俄罗斯馆纪事（增订本）》，中华书局，2006年，第16页。

⑨ （英）约·弗·巴德利：《俄国·蒙古·中国》，商务印书馆，1981年，第1452页。

⑩ 肖玉秋：《俄国传教团与清代中俄文化交流》，天津人民出版社，2009年，第244页。

⑪ （俄）尼古拉·阿多拉茨基著，阎国栋、肖玉秋译：《东正教在华两百年史》，广东人民出版社，2007年，第95—96页。

⑫ 《北京大学图书馆馆藏稿本丛书》第5册，天津古籍出版社，1987年，第212、464页。

⑬ 北京市文物事业管理局编：《北京名胜古迹词典》，北京燕山出版社，1989年，第33页。

（作者单位：北京市古代建筑研究所）

关于大慧寺大悲宝殿佛教造像的新史料

鲍润生

一、大慧寺研究概述

位于北京西直门外大慧寺路11号的大慧寺，建于明正德八年（1513），清代几经重修，1953年文物普查时仅存大悲宝殿及残破的东西配殿。大悲宝殿坐北朝南，重檐庑殿顶，殿内主尊造像为五丈高的千手千眼观音像，配左右胁侍与金童玉女，殿内还有明代遗留下来的二十八尊彩塑和壁画。

目前对大慧寺的主要研究成果有《明代观音殿彩塑》①《中国寺观雕塑全集·辽金元寺观造像》②《明代北京大慧寺彩塑研究》③《明代北京大慧寺彩塑内容考辨》④《北京大慧寺相关史料及研究》⑤《大慧寺彩塑造像定名研究——兼谈"标准器比较法"》⑥等。前人研究多集中于二十八尊彩塑的定名上，也对大悲宝殿内观音像的历史有过一番考证，但因史料严重匮乏，关于大慧寺的文字、图像记录甚少，大慧寺的研究仍然存在很多空白。据前人考证，大悲宝殿的千手千眼观音像在清代是一尊范铜佛像，在民国时期替换成木雕。笔者认同此种说法，但大佛哪年替换、为何替换则一直众说纷纭。笔者偶然发现的《北平市公安局关于查缉大慧寺佛像被焚原因有盗脏的训令》⑦《北平市警察局西郊区区署关于大慧寺僧心然对寺内礼金知情不报并吸食鸦片的呈》⑧两则材料，详细记载了大佛在1932年被焚毁的经过，笔者认为，此次火灾跟重塑佛像应有很大关联。此外，民国时期访华的数名外国摄影家在大慧寺拍下一系列照片，也能作为大慧寺大佛替换的佐证材料，并填补一部分大慧寺的历史空白。

二、1932年大慧寺佛像被焚事件的史料

《北平市公安局关于查缉大慧寺佛像被焚原因有盗脏的训令》是北平市公安局向大慧寺所属西郊区分局下达的指示性公文，记载了大慧寺大悲殿佛像被焚事件的始末，并勒令分局调查该事件。《北平市警察局西郊区区署关于大慧寺僧心然对寺内礼金知情不报并吸食鸦片的呈》是西郊区分局向北平市警察局递交的呈请性公文，汇报了此案的调查经过、涉案人的口供及调查结论。鉴于史料原文篇幅较长，为方便叙述，以下摘出史料重点信息并进行分条考证，这两份史料的名称在后文统一用《训令》和《呈》代替。

《训令》记载了1932年时大慧寺的概况：

查该寺俗称大佛寺，殿宇宏伟，遥遥可望，殿内正神为千手千眼佛，头与身均系铜质，四肢系木制，约高三丈馀，配神四大天王及左右二十八宿等神像（泥塑），均高丈馀。

《呈》中也有相同的描述：

大慧寺前院正殿，供奉有高约三丈法身之千手千眼大悲佛一尊，及高约二丈，

或一丈法身童男童女站童上二十八宿等神像，大悲佛通身及頭部均屬銅質，佛頭之面，敷係泥金，周身以外，均係以木泥塑成佛像……

這大慧寺廟分為前後東西四個院子，共有殿房及土房三十餘間，前院正殿五間，有千手千眼大悲佛一尊，法身高有三丈餘，佛像頭部及周身均係銅質，佛之頭面係包有泥金，佛之四肢均係木質，外包泥皮，敷以彩色，貼有紙金，佛之後係木泥塑成佛山，上有小佛多尊，佛之兩旁有高約丈餘童男童女各一尊，佛之前後面左右又有高約兩丈餘木泥塑成站童各一尊，佛之東西兩面又有高約丈餘木泥塑成二十八宿。該正殿計共五間，並有東西配殿各三間，供係木泥塑成南海觀音大士、地藏王菩薩及群佛多尊。

1932年大慧寺仅存正殿和东西配殿，正殿供奉三丈高的千手千眼观音像，这尊佛像铜身木肢，铜头面部包有泥金，木肢外包泥皮、绘彩、贴金，大佛左右立一丈高童男童女，配二丈高的左右胁侍，以及二十八宿，配殿供奉木胎泥塑的南海观音像、地藏菩萨及群佛。此时大悲殿内的大佛和现存的木胎泥塑大佛并非同一尊。

在1932年10月，大悲殿内发生了四起事件。《训令》中详细记载了来龙去脉：

據僧人心然聲稱，伊姑母韓羅氏（年七十九歲住廟內）十月三日早到大悲殿焚香，發現大悲菩薩（千手千眼佛）面部鎏金被人刮去。至十日夜間九時，殿內突起火光，當即報告第五派出所，經警兵趕到將火撲滅，發現殿內二十八宿之一姜子牙（心然所稱）神像身後挖開一洞，似有歹人起意盜臟情事。又至二十三日，心然早五時許進殿焚香，見滿殿濃煙四射，當又報告派出所，經消防一二三隊趕到正殿，大悲神像身火燃正烈，並將銅質佛頭燒落地上（寬大二三尺），身殼（高丈餘）係銅質，內有木心，經由神脖向下灌水，內部火光始息。木肢及外屬泥皮均行脫落（左右侍神金童玉女并供桌二張同歸於

爐），五臟在銅身以內，以像身高約丈餘，未能窺察仍否存在。據該僧心然云，並未盜去，但恐亦不能完備等語。心然又云，二十九日上午十一時拈燒午香，突見大悲神之左墻內木柱有火光，十二時許，消防隊又來救滅，幸未延燒大殿。

1932年10月3日早上，住寺之人发现大悲佛佛面镀金被刮；10月10日晚上，大悲殿内的姜子牙像背后被挖洞并着火；10月23日凌晨，大悲佛失火，且火势极大，从内到外都在燃烧，铜质佛头被烧落在地上，木质四肢、泥皮、站童、供桌都毁于一旦；10月29日，大悲佛左侧木柱又起火。其中，第三次事件中大佛失火，直接导致大佛被毁。对于大佛失火一案，《呈》里大慧寺僧人心然和信朗的口供里有更为详细的描述。心然口供中说：

……在今年十月三日，我廟內居住之我姑姑韓羅氏，因赴正殿拜佛焚香，發見大悲佛面之金被刮。十月十日夜間，發見正殿姜子牙像背後發見火警，並查見姜子牙佛像背後，被挖一洞。嗣於十月二十三日清晨，及二十九日午前，先後發見大悲佛等佛，及大悲佛東旁木柱失火，均經報告警察，並由警察及消防隊施救，幸未成災。自我廟中發生刮金及三次失火之後，我想廟中向無閒雜人等往來，不料一月之間，始而大悲佛佛面之金被刮，繼而連續發生三次失火，恐非外人所為。是我一再思忖，我以前曾散過工人閆有兒，及朱姓、果姓三個人，緣於今年廢曆六月間，我聽人傳說閆有兒、朱姓、果姓三個人，架同本廟駐軍，偷竊我廟內三百多斤玉米。我正訪查之際，我發見大悲佛前左首站童腳後，不知被何人撬開木板二塊，我揣度情形，必係有人要盜取佛臟，因不能查出何人所為，是我未敢聲張，即用鐵鋸子，仍將撬毀之處鋸釘。後來我就同工人等，在大悲殿前後石堦上，與他們同睡。我與工人同處歇睡，就為暗中查看工人動作。有一天夜內我伴睡，看見工人閆有兒，潛入大悲殿內，以他所拿手電棒，向

各佛像照看，我跟入问他是何意思，当时闾有兒答说，要看一看姜子牙佛像，至此我始悉闾有兒一定是未怀好意，况且站童被撬，亦显係他所为。不过我们出家人，不愿与他为难，所以我就藉著他们三人偷老玉米，将他们三人散了。不意闾有兒等三人，散去不久，庙内又发生不幸之事，我想决是闾有兒等所为无疑……

信朗口供中说：

……有一天我不记准日期，我老姐姐韩罗氏及我师伄心然等对我说，老姐姐有一天赴前院正殿焚香拜佛，我老姐姐曾看见大悲佛面之金不知被何人刮去，我师伄即赴第五段警所报告。警所当时派来警察查看一回，即嘱令我师伄心然等留心访查刮金之人，报告警察拿办，警察亦暗中侦拿。警察嘱告毕走去等等话语，我闻听后，即同我师伄心然等赴正殿瞧看，大悲佛面不似以前之模样，当时我老姐姐及我师伄心然并说查见大悲佛面之金被刮遗落在大悲佛石座上金面少许，已经拾起包存等语。我令拿出瞧看所拾之金，确係泥金，并非真金，因为真金被刮定然捲成一捲，并不能成片，况且一捏亦不能成面。我当时嘱令我师伄等包妥保存起来，防备将来如有人调查可以呈出查验，以明真相。我并嘱我师伄等设法留心访查刮金之人，如访查出来是谁，可以向我报明以便报告警察。我嘱咐毕，我即回归云净寺，迨至十月二十二日，我赴北平佛教会，参加欢迎章嘉佛事毕，回归因天晚，我就宿在大慧寺庙内。那天我宿在大慧寺，心然曾对我说，在头十几天有一天夜内，他同惠然听见庙内参养之犬奔至前院狂吠，他们师兄弟来至前院，瞧看正殿由窗内向外冒烟，当时惠然即赴警所报告，心然带同工人进殿瞧看，见係大悲佛东面二十八宿中姜子牙佛像身后冒火，是时警察来到，用水当时泼减后，他与警察查勘，姜子牙身后被挖一洞，内中木头与草均已烧糊。警察追问原由，心然他答说，不知原因。警察仍嘱令他留心防守，遂即走去等等话

语。是晚我因劳乏又因黑夜，我亦未赴正殿查看，乃於当日夜间（即二十三日早）五时馀，我师伄心然将我叫醒，告诉我说他将才赴正殿烧香，查见大悲佛头上冒火，我即起来令他先赴警所报告请求救护。及至我奔赴正殿，火已着起后，有消防队及警察多人前来，将火救熄，惟大悲佛之铜佛头因佛像及头部中木头被烧著，铜佛头落於地上，后面已被摔碎，僅留有残馀之佛头前面，大悲佛之两旁童男童女亦被烧毁。不过我猜想大悲佛法身如是之高，绝不会有人攀登上去，是以於火熄以后，我留心查看大悲佛之右旁善财童子之像，右衣襟早已掉落一块，露有内胚碎草，我恐怕係由破孔处被人用火燃点，火燃善财童子佛像木胎，燃及大悲佛周身木质之缥带，引着大悲佛背后佛山，烧引至大悲佛及童男童女所致。况且那天火熄之后，我一再查看，我确见善财童子佛像脱落衣襟下端即佛足处有已燃净洋蜡底一块，且上尚有线捻少许，至是我才醒悟，起火之处必係由此，但我究不知是何人所为，后来我一再向我师伄本问，我师伄心然始对我说，原僱有工人闾有兒，他曾於七月间看见大悲佛前左边站童脚后不知被何人撬开木板贰块，心然说此人撬开木板恐未怀好意，他即用铁锯子将被撬之木板锯钉。后来他留心考查，有一天夜内，他瞥见闾有兒潜入大悲佛殿内，用手电棒向二十八宿中姜子牙佛像照看，嗣后闾有兒又偷庙内玉米三百馀斤被工头闾从报告，他即将闾有兒辞散。闾有兒自散之后，他曾看见闾有兒来庙内数次，他说这二次失火及佛面之金被刮，显係闾有兒所为……

《呈》中记载，西郊区分局依据二人口供逐一查证，得到的结果同二人所述基本一致，再加之闾有儿等人无故失踪，得出大佛起火一案乃大慧寺所雇工人闾有儿所为的结论。笔者认为，《呈》中关于此案的调查经过逻辑链完整，与描述的现场情形一致，可信程度较高。闾有儿在1932年7月因偷老玉米，又撬开大佛左侧站童

（即龙女）脚后木板疑似要盗取佛脏，被心然辞退，故而挟仇报复，于10月间犯下刮金、纵火等一系列罪行。依据《训令》和《呈》中关于大佛起火现场的描述，10月23日凌晨（或是10月22日夜间），闫有儿将洋蜡烛塞进善财童子右衣襟的破孔，用引线点燃，善财童子外壳是木胎，内胚是碎草，极易起火，善财童子起火之后顺势引燃了大佛的木质缥带，延烧至佛山和大佛木肢等部位，然后烧进铜质佛身内部，铜质佛头被烧落在地上，后脑被摔碎，佛头仅存面部。最终，童男童女与大佛同归于尽，至于大佛佛脏是否残存，因佛身太高无法窥视，所以不得而知。闫有儿因一念之仇，毁掉了珍贵的文物。

三、大慧寺千手千眼观音像、胁侍、二十八尊诸天彩塑的历史照片

清末以来，外国摄影师陆续访华，在中国留下了他们的足迹，也为后人留下了一系列珍贵影像。这些影像忠实记载了当时的历史风貌，是后人进行历史研究的重要材料。笔者收集了民国时期的大慧寺照片，通过历史影像和当代影像的对比，对大慧寺历史照片进行初步断代，一是为厘清大慧寺在民国时期的历史轨迹，二是为大佛被毁重塑一事提供重要佐证材料。

为了方便表述，笔者先将大悲宝殿内的二十八尊诸天彩塑编号，如图一所示。后文二十八尊彩塑的名称均用西1—西14、东1—东14编号代替。

囿于篇幅所限，且部分照片前人著作已经公开过，本文不再赘述。笔者仅择取和现状不同的典型历史照片进行论证。本文择取历史照片一共十八张，内容是千手千眼观音像、

左右胁侍、二十八尊诸天彩塑，并进行编号。图二来源于京都大学人文科学研究所公开的华北交通写真[9]，1938年12月所摄；图三—图一四为赫达·莫里逊（Hedda Morrison）所摄[10]，这位德国摄影家1933年到Hartungs图片社的北京分社工作，直到1946年才离开中国；图一五—图一七是弗里茨·亨利（Fritz Henle）所摄[11]，这位德国摄影家在1935年秋天赴东亚旅行4个月，访问了日本、中国、朝鲜；图一六—图一八是斯尔格·沃特加索夫（Serge Vargassoff）所摄[12]，这位苏联摄影家在1926年来华，在北平开办一家照相馆，直到20世纪40年代才离开；笔者自摄的二十八尊彩塑及大佛、胁侍，在以下照片对比中不编号，直接标出佛像或彩塑的名称。

笔者将历史照片分成西侧造像、东侧造像、大佛胁侍三部分进行对比（见表一—表三）。

经过对比，历史照片里出现了截然不同的两尊大佛，一尊是被毁大佛，另一尊大佛是存留至今的木雕佛像。左右胁侍和二十八尊彩塑中，大部分没有变化，小部分彩塑有法器损毁现象。其中西6彩塑、东7彩塑、东11彩塑出现了不同的损毁状态，可以从这几尊彩塑的变化初步推测照片的拍摄时间段。

首先，赫达·莫里逊照片里出现了

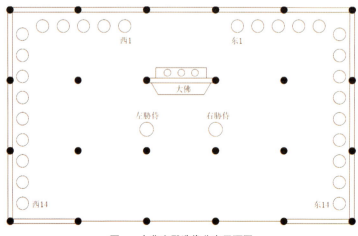

图一　大悲宝殿造像分布平面图

图二 大佛、左右胁侍对比

图三 大佛（左、右）

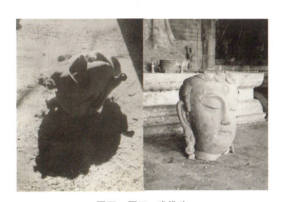

图四、图五 残佛头

图六 右胁侍

图七 左胁侍

图八 东5—8

图九 东11（左、中、右）

图一〇 东12—14

图一一 西1—4

两尊大佛，图三左侧是佛头缺失的大佛，佛头已经掉落在地上，图三右侧大佛则是现存的木雕佛像；其次，东11造像的几张

图一二　西5—8

图一三　东4—9

图一四　东11—14

图一五　西2—8

图一六　大佛

图一七　东7—8

图一八　西3—6

照片也出现不同之处，图九左的东11造像上臂有白夜明珠，无黑夜明珠，图九中的东11造像上臂有黑夜明珠，显然是两次不同时间拍摄。可见赫达·莫里逊到访大慧寺至少有两次，一次是在大佛损毁后重塑前，另一次是在大佛重塑之后，猜测图三左、图四、图五、图九左是第一次拍摄的照片，图三右、图九中是第二次拍摄的照片。已知图二是1938年12月所摄，此时大佛已经重塑，所以赫达·莫里逊第一次拍摄时间早于1938年，推测是在1933—1938年之间。

弗里茨·亨利的照片内容基本和赫达·莫里逊所摄一致。图一四中东11造像和赫达·莫里逊所摄的图九中相同，造像上臂双手有黑白夜明珠。*Fritz Henle: In Search of Beauty*一书的前言记载，弗里茨·亨利1935年秋天从德国出发，途经新加坡，先去探索日本，然后去中国旅行，最后在朝鲜短暂停留，为期四个月[13]，书中披露的其他老北京照片是1935

表一　西侧造像对比结果

造像 ＼ 摄影师	赫达·莫里逊	弗里茨·亨利	斯尔格·沃特加索夫
西1	无变化	/	/
西2	无变化	无变化	/
西3	造像手中笏板下滑	造像手中笏板下滑	造像手中笏板下滑
西4	无变化	无变化	无变化
西5	无变化	无变化	无变化
西6	无变化	无变化	造像手中净瓶缺失，宝冠上部分装饰缺失
西7	无变化	无变化	
西8	无变化	无变化	

表二　东侧造像对比结果

造像 ＼ 摄影师	赫达·莫里逊	弗里茨·亨利	斯尔格·沃特加索夫
东4	/	无变化	/
东5	无变化	无变化	/
东6	无变化	无变化	
东7	无变化	无变化	造像手中琵琶消失
东8	无变化	无变化	无变化
东9	/	无变化	
东11	图九左造像上臂无黑夜明珠，持白夜明珠；图中造像上臂双手均持黑白夜明珠	造像上臂双手持有黑白夜明珠	/
东12	无变化	无变化	
东13	造像手中麦穗枯萎	造像手中麦穗枯萎	/
东14	造像头冠上的冕缺失	造像头冠上的冕缺失	

表三　大佛、胁侍对比结果

造像 ＼ 摄影师	赫达·莫里逊	斯尔格·沃特加索夫	华北交通写真
大佛	图三中大佛佛头缺失，图四、图五是佛头，图三和现在的大佛是同一尊	和现在的大佛是同一尊	和现在的大佛是同一尊
左胁侍	头冠缺损	头冠缺损	头冠缺损
右胁侍	头冠缺损	/	头冠缺损

年拍摄，所以他拍摄大慧寺的照片大约是在1935年年底，最晚1936年年初。由此推测，东11彩塑手持的黑夜明珠缺失发生在1936年后，所以赫达·莫里逊第二次拍摄不早于1936年。

斯尔格·沃特加索夫拍摄照片中，图一七的东7造像手中有琵琶，图一八中西6造像手中有净瓶，对比另外两位摄影师拍摄的照片，图一二和图一五的西6造像手中无净瓶，图八和图一七的东7造像

手中没有琵琶，可见图一七、图一八两张照片的时间点明显早于赫达·莫里逊和弗里茨·亨利的拍摄时间，也就是说，斯尔格·沃特加索夫拍下两张照片的时间是在1935年之前，极有可能在大佛重塑前。然而图一六拍摄的是重塑后的大佛影像，所以斯尔格·沃特加索夫来大慧寺拍摄可能至少有两次，一次是在大佛重塑前，一次在大佛重塑后。

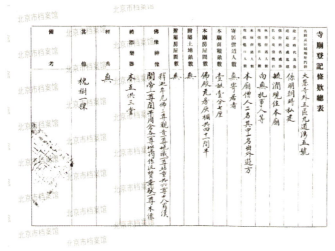

图一九　1930年大慧寺寺庙登记表

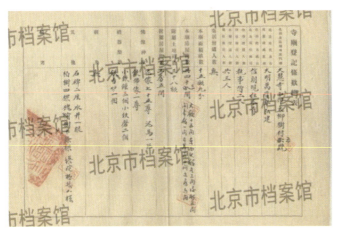

图二〇　1934年大慧寺寺庙登记表

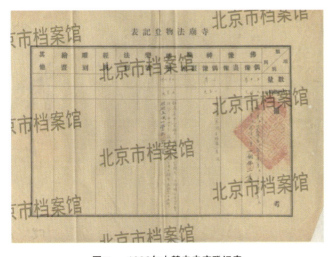

图二一　1936年大慧寺寺庙登记表

四、《训令》《呈》与历史照片的对比及大佛重塑时间的推测

在上一节披露的历史照片中，图二、图四、图五是赫达·莫里逊拍下的损毁大佛影像。已知起火是在1932年，赫达·莫里逊来华是在1933年，所以赫达拍摄只能是在大佛起火之后。那么赫达拍摄的被毁大佛，是否就是被焚毁坏的那尊大佛？

图二中大佛仅剩残破的躯干，佛头失踪、手臂脱落，肩膀处有几截断臂残留。佛身泥皮剥落严重，已经无法辨认衣饰，也没有缥带。大佛身后整面墙的佛山被毁，露出背后的砖头，佛山上部残留着几尊小佛。并且大佛旁边没有童男童女。照片左侧露出胁侍的头冠和手指均完好。图四、图五中的大佛佛头坠落在地上，面部有刮痕，后脑勺有部分缺损。

《训令》和《呈》记载了大佛起火的全过程：善财童子起火，引燃大佛表皮的缥带，最后引燃佛山和童男童女，最终导致铜质佛头被烧落在地上，后脑被摔碎；木肢和泥皮自行脱落，童男童女也被焚烧殆尽。缺失的佛头、手臂、泥皮、童男童女，损毁的佛山，这些细节与照片中展示的大佛状况高度吻合。因此这三张照片中被毁的佛像，极有可能是那尊被焚毁坏的大佛。

因为图二是1938年12月所摄，此时大佛已换成现存的木雕造像，可知大佛替换是在1933—1938年间发生的。至于大佛何时替换，目前没有发现文字记载记录。然而在民国时期，北平市政府为统计管理全市寺庙，对全市寺庙进行过数次登记普查，大慧寺也不例外。大佛替换时间可从大慧寺的寺庙登记表[14]中窥得一斑（图一九—图二一）。

在1930年（即民国十九年）的大慧寺寺庙登记表中，佛像一栏记载：

释迦牟尼佛三尊，观音一尊，地藏菩萨一尊，站童共六尊，十八罗汉，关帝一尊，关平周仓各一尊，以上均系泥质；韦陀一尊，木像。

在1934年的寺庙登记表中，佛像一栏记载：

泥像七十五尊，泥马一匹，铁佛像一尊。

1936年的寺庙登记表中，佛像一栏记载：

三世佛三尊，木；地藏佛一尊，木；观音像一尊，木；站童像六尊，木；韦陀一尊，木；罗汉十八尊；小铜佛三尊。

如果寺庙登记表记录属实，1930年登记表记载观音像是泥塑佛像（铜铸佛身外包木泥），除韦陀是木像外其他佛像也都是泥塑佛像，没有登记铜像；1934年的登记表没有记载明确的佛像名称，只说有七十五尊泥像和一尊铁佛像；1936年登记表记载观音像都是木像，由此可见，1936年观音像已经替换成现存的木胎泥塑佛像。《呈》中信朗口供中明言："该正殿计共五间，并有东西配殿各三间，供系木泥塑成南海观音大士、地藏王菩萨及群佛多尊。"由此可知三世佛、地藏菩萨是东西配殿供奉的佛像，应是木胎泥塑佛像，所以1930年和1934年登记为泥塑佛像也合情合理，并且三世佛、地藏佛并未在大悲殿起火事件里被毁，在1932—1936年间被替换的可能性很低。所以1934年记载的那尊铁佛像很可能是失火被毁的观音像。

综上所述，大佛于1932年起火被毁，疑似在1934—1936年间重塑。赫达·莫里逊第一次拍摄时间约在1933—1935年，第二次拍摄在1936—1946年间。弗里茨·亨利拍摄时间是1935年底至1936年初。斯尔格·沃特加索夫第一次拍摄大约在1926—1935年，第二次拍摄推测在1936年后。

五、余论

在上一节，笔者初步梳理了大慧寺观音像被毁经过，并围绕佛像被毁一事进行考证，但此事仍有诸多疑点。

其一，清代《渌水亭杂识》[15]《日下旧闻考》[16]等古籍都有大佛高五丈的记载，《明代观音殿彩塑》记载现存大佛高15米，胁侍菩萨高12米[17]，然而史料记载大佛高三丈，胁侍菩萨高二丈，站童高一丈。民国时期一丈约等于3.33米，换算下来史料中所言大佛高10米，胁侍菩萨高6.66米，站童高3.33米。然而胁侍菩萨并未替换，它在民国时期实际高度确实是12米，笔者认为史料中记载的"三丈"应是笔误，可能是因为大慧寺僧人对于大佛高度没有概念，认为站童一丈高，胁侍两丈高，大佛三丈高，在录口供时产生了错误。

其二，《训令》和《呈》中提及大悲殿里身后被挖洞的姜子牙像是观音像东面二十八宿之一，然而近年研究者在《明代观音殿彩塑》《明代北京大慧寺彩塑研究》《大慧寺彩塑造像定名研究——兼谈"标准器比较法"》等数篇论文中考证了二十八尊彩塑佛像的身份，虽有不同之处，但其中并没有姜子牙像。并且姜子牙与佛教没有任何联系，只有《封神榜》中说他是道教元始天尊的徒弟。可能是当时大慧寺的和尚不明彩塑身份，误认为其中一尊是姜子牙像。要想知道背后被挖洞的彩塑具体为哪一尊，需对殿内彩塑进行详细调查方能得知。

其三，《呈》中心然和尚的口供中说："我并呈出所拾姜子牙佛像腹内脏物，及大悲佛面之金等物，即请查验，以明真相……"在发生起火事件之后，他捡到佛脏和泥金等物，而公安局也对此进行调查。《呈》中同样记载了调查结果：

"当在大佛面上，捡取泥金少许，及捡取被摔碎佛头铜块一块，佛身外部泥塑贴金泥块两块，一并携署，惟以所捡取大佛佛面之金，与僧人心然所呈拾得大佛佛面之金迥异，揆度呈出所拾之金？恐非佛面之金？"这"泥金"究竟是哪里的泥金？是否是大悲佛佛脏的泥金？而且姜子牙佛像的佛脏究竟是何貌，材料中并未记载，仍是谜团。

①⑰ 王智敏，闪淑华：《明代观音殿彩塑》，台北艺术图书公司，1994年。

② 金维诺：《中国寺观雕塑全集·辽金元寺观造像》，黑龙江美术出版社，2005年。

③ 王敏庆：《明代北京大慧寺彩塑研究》，首都师范大学硕士学位论文，2007年。

④ 王敏庆：《明代北京大慧寺彩塑内容考辨》，《文博》2010年第2期。

⑤ 邢鹏：《北京大慧寺相关史料及研究》，《北京文博文丛》2011年第4辑。

⑥ 邢鹏：《大慧寺彩塑造像定名研究：兼谈"标准器比较法"》，《中国国家博物馆馆刊》2014年第2期。

⑦《北平市公安局关于查缉大慧寺佛像被焚原因有盗脏的训令》，档号：J181-020-12565，北京市档案馆。

⑧《北平市警察局西郊区区署关于大慧寺僧心然对寺内礼金知情不报并吸食鸦片的呈》，档号：J181-021-175，北京市档案馆。

⑨ 華北交通アーカイブ，http://codh.rois.ac.jp/north-china-railway/.

⑩ Hedda Morrison.The Hedda Morrison photographs of China,1933-1946,Harvard-Yenching Library.

⑪ Fritz Henle. Peking,Ta Fo Ssu 哈佛美术图书馆。

⑫ Lantern slide showing painted clay statues of Ming dynasty in Dahui Si,https://maas.museum/.

⑬ Roy Flukinger.Fritz Henle：In Search of Beauty，Harry Ransom Center Photography.2009，pp8.

⑭《西郊区大慧寺僧人毓涧呈请登记庙产和果诚接充主持的呈文及社会局的批示》，档号J002-008-00202，北京市档案馆。

⑮（清）纳兰性德撰，黄曙辉、印晓峰点校：《通志堂集》，华东师范大学出版社，2008年，第588—589页。

⑯（清）于敏中等：《日下旧闻考》，北京古籍出版社，1983年，第1632—1633页。

（作者单位：北京市海淀区文物保护中心）

霞帔、彩帨的文物修复与命妇礼服配饰之再探讨

赵芮禾

命妇礼服制度在千年的封建王朝中始终处于不断的变化过程之中，随着封建王朝的发展，儒家思想的深入与程朱理学的诞生逐渐形成了对中国社会礼教规范严苛的大风气，这对后世贵族礼服制度的细致程度起到了极大的推动作用。明清两代在前代社会风气的影响下，在服制等级区分上形成了系统而繁杂的制度规范。

明清两代因距今时间较近，流传下的史料与实物资料都较为齐备。两个朝代的命妇服制都有其本民族的风俗特征，也吸收了传统儒家经典中的礼仪文化含义。明宁靖王夫人吴氏墓出土的压金彩绣云霞凤纹霞帔与清东陵温僖贵妃墓出土的素绢彩帨都交由中国社会科学院考古研究所文化遗产保护研究中心纺织考古部进行文物的修复工作，笔者全程深入参与，因而从这两件出土文物修复保护过程出发，用提取的文物信息讨论明清命妇礼服服制中的饰物变化。

一、文物修复与保护

1. 明宁靖王夫人吴氏墓出土霞帔

宁靖王夫人吴氏墓出土的霞帔属于出土明代命妇霞帔中现存程度最好、等级最高的。其前身半段保存较好，少许部位还可以看到罗地上的颜色，压金彩绣凤纹翅羽的渐变蓝色还依稀可见。但后半段保存程度较差，有大量墓主尸体沉积的脂肪酸钙盐污染物贯穿文物，这些坚硬的盐类

块状污染物经由一次不当处理后，直接被熨烫在脆弱的罗地上，造成严重板结。压金彩绣用圆金线也因此次修复未做护金保护，金箔脱落。

严重的乳白色盐类污染物贯穿薄弱的丝织结构，渗透织物内部，导致文物整体板结粘连。局部严重部位，盐类覆盖住圆金线云凤纹刺绣，文物的基础信息提取受影响（图一、图二）。古代圆金线是将金箔纸切成0.5厘米左右的长条，通过黏合剂缠绕粘贴在丝线之上，根据所需刺绣的图案将制作而成的金线盘绕在织物表面，再使用较细的丝线钉缝而制。经过六百年的棺液浸泡，黏合剂多失去效用，入水则松散开来，或有零散金箔漂浮于水面上。

霞帔清洗的步骤为物理剔除、护金、试色、局部清洗、整体清洗。在整体清洗之前，应注意到整体圆金线的脆弱情况。

在不损伤织物的基础上剔除附着物，主要使用修复书画时常用的针锥，透过织物结构将固化的污染物大而化小，至碎屑状，再用胶皮吹球轻轻吹开（图三、图四）。待表面可见碎屑全部清除，便可从固化污染物的包裹中看到清晰的圆金线与刺绣纹饰（图五），此时使用勾边毛笔蘸取2%—3%密度的聚乙烯醇缩丁醛溶液，顺沿刺绣纹路描画。根据金线保存状况的不同，描画次数保持在3—5次。

霞帔的清洗分两个步骤：局部清洗和整体清洗。清洗前先用不同温度的清水做褪色实验，确认其在热水中也没有颜色减

图一　霞帔修复前污染物（正面）

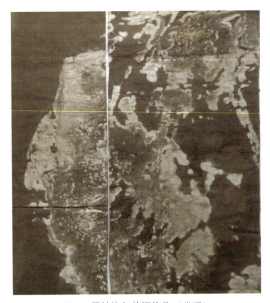

图二　霞帔修复前污染物（背面）

一层油脂。

2. 清东陵温僖贵妃墓出土彩帨

由于长久埋藏于地下及特殊的埋藏环境，且出土后并没有采取最为紧急的保护措施，因此长时间暴露在空气之中，使得棺内纺织品文物劣化。彩帨由于长期经受地下埋葬环境中的水、泥土、腐败生物体、酸碱盐类化学物质、霉菌等的侵蚀，织物强度变差，纺织品表面附着了各种污

图三　物理剔除污染物

图四　清理出的污染物碎屑

褪后开始局部清洗。选取污染最为严重的部位浸泡入50℃—70℃的热水中，不断添加热水，保证水温。经过完全浸泡之后，污染物会逐渐松动，使用毛笔反复轻刷文物表面，或双手震荡水面，促进水流冲洗织物组织间的污染物。文物正反面清洗完成后将霞帔展开，按照同样的方式清洗内里（图六）。大量黄白色污染物被清洗渗出，清水逐渐变成乳黄色，水面上方漂浮

图五　固护金线

图六 霞帔清洗前后对比

图七 修复前彩帨原状

染物，也有少许生霉现象。

彩帨通长120厘米，最宽部位9.7厘米，呈上窄下宽状，帨身最下端为一折叠形成的尖角。帨身以素绢制成，保存比较完整，但帨身通体污染严重，表面附着许多的棉絮（疑为同墓室出土其他织物相互粘连），并伴有大量霉菌。由于织物在墓室中被棺液浸泡时间过长，已失去了原有

图八 修复前坠饰缠绕状态

光泽，触感黏腻，疑似有穿透性油脂类污染（图七）。

帨身上端配有六组坠饰，修复前已绞结成团，互相粘连（图八），墓葬中各类污染物全部附着其上，织物整体处于极度饱和的饱水状态，强度极低。

距彩帨顶端36厘米、距底端80厘米处有一透雕云龙纹犀角球，此球横向中心开合，将犀角球分为上下两部分，球体内部被絮状污染物所填充，并伴有大量白色霉斑。球体外部被霉菌与油脂状污染物包裹（图九）。

针对此件文物现阶段状况的保护修复，是无法按照正常工作顺序进行的。因此需要采取应急保护措施，边清理、边检测、边保护加固，是目前唯一较好的处置手段。为尽可能减少修复工序对于文物的

图九 修复前的犀角球

消耗，清理工作必须十分谨慎，并且对工作室的温湿度也要严格规范：温度18℃确保织物不会长出新生成的霉斑，湿度逐渐降低，保证犀角和织物不会因为突然脱水而开裂糟朽。清理文物时需完全使用纯净水或蒸馏水，才可以确保普通自来水中的氯离子不会残存在织物结构之内，对其进行缓慢腐蚀。

（1）前期清理保护步骤主要为物理剔除附着物、局部清洗、整体清洗、整形。首先在不损害织物的前提下，使用弯头医用镊子缓慢剔除缠绕在挂坠之间的絮状掺杂物，毛笔蘸取蒸馏水去除覆盖在绦带表面的全部污染物。清晰地整理出每一组坠饰的结构关系，逐一放置于吸水毛巾上缓慢阴干，方便后续观察每组挂坠的材质及所运用的装饰手法。

坠饰配套有数条丝绦，在清除掉表面的污染物后，可以清楚地观察到每条丝绦上分别挂有碧玉花篮、葫芦、青金石宝瓶、鞘刀、烟荷包、扇形小盒等精致物件（图一〇）。并且在每条绦带下端都缀有金包首，共计15只，但遗憾的是包首内所镶嵌的宝石皆已丢失（图一一）。

（2）帨身及犀角球外部附着的棉絮，同样需要结合镊子先采用物理剔除法缓慢

图一一　金包首缀脚

图一二　去除犀角球污染

图一三　清除犀角球内侧污染物

揭取，再使用毛笔沾去离子水彻底清除表面的泥土及其他油脂类污染物。由于素绢质地的帨身是从犀角球中心穿过，若要彻底清洗，则需要将犀角球摘取，进行单独清洗，才能彻底清除球体内部的霉斑及油脂类污染物（图一二、图一三），为了防

图一〇　整理后的坠饰

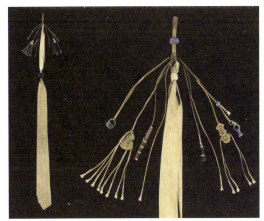

图一四　彩帨修复完成图

止球体干裂变形，避免造成二次损坏，在清洗后需要缓慢阴干。

（3）摘取犀角球后，织物的清洗须在清洗前做试色实验，测试织物是否掉色。素绢质地的帨身保存较好，且强度较大，因此可采取流动水的漂洗，以期清洗程度的彻底。

因帨身被大量的油脂类污染包裹，需要将织物置入40℃—70℃的去离子温水中浸泡使油脂状污物软化，并在温水中加入少量的活性酶中性洗涤剂浸泡15—30分钟，随时添加热水，控制水温。浸泡过程中，织物上的油脂类污物与活性酶慢慢发生反应，使用小毛笔按织物织造丝路轻刷，清除污物。最后用去离子水反复涤荡数遍，取出阴干（图一四）。

清洗素绢质地帨身时，在织物右侧有一整齐的剪裁缺口，初步判断其作用是通过减少织物厚度的方式，来方便织物穿过犀角球中心而采取的裁剪措施。

二、文物形制与剪裁

1.霞帔的织造与裁剪形制

吴氏墓的霞帔以罗为地，平置在素缎大衫内，平铺在墓主前身。并排两条，各宽13厘米、长245厘米。霞帔前端两条由三个横裆缝合，裁剪成尖形，上面悬挂凤纹金坠子，后端平形。脖子前面的扣襻距离尖端12厘米，脖子后面两条系带距离

尖端153厘米。霞帔以四经绞罗为地，经线90根/平方厘米，纬线20根/平方厘米，均无捻。此霞帔以史料对比，应以靛青色罗为地，上以金线、彩色丝线装饰以云凤纹，显微摄影下凤鸟翅膀上残存的青色依稀可见（图一五）。而四经绞罗的原材料却因其织造难度巨大（图一六），织造方式已失传。

霞帔以扣襻为中心，身前四对金凤，身后三对金凤，每只凤17厘米长，蹙金绣勾边，凤鸟翅膀内以平绣渐变色针法（图一七）。参考明代史料，这件霞帔是符合亲王妃等级的服制。但是这位吴氏夫人并非宁靖王朱奠培的嫡妻，而是一位受了朝廷册封的诰命夫人，诰命夫人应用青罗金绣翟鸡霞帔，这明显存在僭越的问题。这位吴氏夫人在下葬时是否拥有朝廷特殊的

图一五　凤鸟翅膀靛蓝色绣线显微照片

图一六　四绞罗地结构显微照片

图一七　霞帔纹饰线描图（作者自绘）

图一八　单片霞帔折叠痕迹

图一九　双片霞帔折叠痕迹（中国社会科学院考古研究所胡晓昆绘）

恩赐，可以比肩亲王嫡妃的服饰规格入殓尚有待考证。

在修复过程中将霞帔拆开缝线清洗，观察可知霞帔由两条矩形四经绞罗布料折叠缝合而成（图一八、图一九）。布料裁剪缝合数据如下：取一宽33厘米、长255厘米的矩形布料，一长边为布料幅边，另一长边为剪边。A部向内折2厘米，B部向内折8厘米，两长边分别向内折2厘米（幅边）、5厘米（剪边），而后将折叠好的两长边向内对折。A部取中缝，两角向内折叠，形成霞帔尖端。而后缝合。

2. 彩帨的裁剪折叠形制

帨身以平纹直丝素绢为材料，经线38根/平方厘米，纬线30根/平方厘米，均无捻（图二〇、图二一）。逆时针45度角对称的两边均为幅边，幅宽是50.8厘米。

因不可在原文物上进行实验，为了解彩帨帨身的折叠过程，在修复后期，我们采用纸样制作了一个与实物1:1的帨身进行复原实验。从帨身展开效果（图二二）到折叠完成效果（图二三），实验结果如下：

以折痕来划分，可将帨身绢片分为10

图二〇　彩帨坠饰绦线显微照片

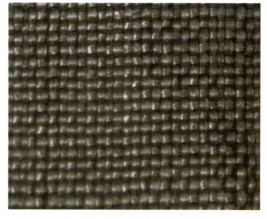

图二一　帨身平纹绢显微照片

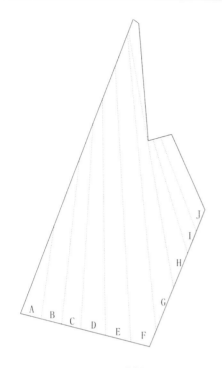

图二二　彩帨开料图

图二三　彩帨折叠完成图

个区域，采用大写A—J来标识。它的折叠顺序分别以E和F之间的虚线为中心线，从两侧向中间折起。

左侧：

①从A到B的方向沿虚线向上折叠

②从B到C处沿虚线同样向上折叠

③从C到D处沿虚线向下折叠

④从D到E处沿虚线向上折叠

右侧：

⑤从J到I的方向沿虚线向后折叠

⑥从I到H的方向沿虚线向后折叠

⑦从H到G的方向沿虚线向后折叠

⑧从G向F沿虚线向上折叠

最后以E和F之间的虚线为中心线，从左向右对折，完整的素绢帨身就折叠完成（图二四）。

三、溯源与文化含义的探讨

每一个朝代贵族女性的服饰，往往都代表了这个朝代最高超的丝织技艺。明清两代命妇的朝服、礼服、燕居服等也都

有其搭配穿着的发冠、金银玉饰等饰品。通过明代流传下来的帝后画像可见霞帔、大衫、鞠衣、翟冠的搭配方式，作为贵族女性的等级服制。但是到了清代，许多命妇画像中都可看到各式纹饰凤冠霞帔的搭配，服饰制度的放宽，使得女子有更丰富的心思装饰服装。清代彩帨定级工作是在乾隆朝中后期确定的，在此之前的清宫女子画像上多以素色彩帨为主，但如踝蹀带一般的坠饰装饰却多种多样，所坠宝石也是五颜六色。

1. 霞帔

对于霞帔的起源，有学者认为是从魏晋时期广为流传的披帛演变而来[①]；也有学者认为霞帔的起源是隋唐的帔，与中亚东传的佛教艺术带来的风习影响有关[②]。披帛一词最早出现在秦汉时期的文字资料中，到了魏晋南北朝时期，随着汉末玄学的影响，服饰风格宽衣博带，追求一种灵动飘逸的立体效果，与襳髾一样轻薄飞扬的帔帛随之产生，并影响了后世帔帛的发展[③]。唐代开始流行用金银粉绘花或是夹

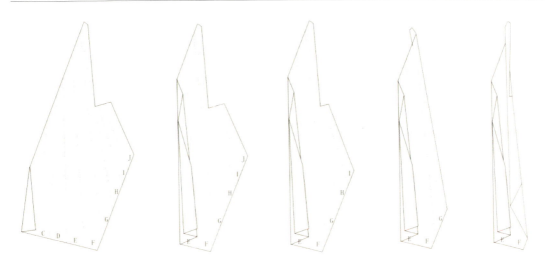

左侧A—B正向折　　B—E正向折　　右侧J—I背向折　　I—G背向折　　G—F正向折
图二四　彩帨折叠示意图[4]

缬等印染在薄纱或罗等轻薄的织物上，从胸前或者背后环绕披搭肩上，然后再旋绕于手臂间。传世的画作中有不少女性形象都搭有帔帛（图二五、图二六）。

帔帛流传发展到宋，帔分为两种：霞帔，开始正式作为命妇礼服与民间婚嫁使用；直帔，为民间女性保留传承前代帔帛形式而使用。霞帔也作为命妇礼服配饰与民间婚服配饰所用的专有名词开始确立[5]，与帔帛形成了不同的发展路线。我国现存出土最早的霞帔实物也属宋代，"现存三件宋代霞帔中有两件出土于福州南宋黄昇墓，一件出土于南宋德安周氏墓。"[6]明代霞帔的使用达到了顶峰，从宋代的史料中很难发现对于礼服使用霞帔的具体制度规范，但是明代前期却从用料、颜色、纹饰等各方面对霞帔制度进行了极为细致的四次修正。挂在身体正前方，下垂的尖端，会连接一坠子，材质或金、玉，纹饰或凤、翟，皆有明文规定。清代霞帔形制发生变化，宽度增加，似长款马甲，前胸与后背正中或装饰以补子，下端尖端多缀有各色流苏，但官方并未给出等级规定。

2. 彩帨

彩帨作为命妇礼服固定饰品，始于清朝，但帨巾的历史却比披帛更为久远。

《诗经》有云："无感我帨兮，无使尨也吠。"《礼记·内则》云："妇事舅姑，

图二五　唐《簪花仕女图》

图二六 唐《捣练图》

如事父母……左佩纷帨、刀、砺、小觿、金燧，右佩箴、管、线、纩，施縏帙，大觿、木燧、衿缨，綦屦。"《礼记·曲礼上》载："尊卑垂帨。"唐代小说《朝野金载》中也有描述："上元年中，令九品以上配刀砺等袋，彩帨为鱼形，结帛作之。"可见帨巾的历史远可追溯到先秦，且流传有序，甚少间断。"帨"字本意即为配巾，这与清代命妇所佩戴的彩帨含义多有相同，彩帨是"手巾与装饰杂物的结合"⑦。

清代女子佩戴彩帨的原身应为纷帨，"纷帨是一种佩巾，常与针筒、荷包、剑、刀等搭配使用。"⑧这种纷帨是早期少数民族流行的蹀躞带与配巾相结合的产物，男性与女性纷帨的样子与佩戴位置皆有差异，清代贵族男性纷帨为佩戴在腰间的朝带、行带等，贵族女性纷帨为佩戴在上身的彩帨⑨。作为北方少数民族服饰的蹀躞带，"自北齐以降，蹀躞对中国带饰形成和舆服制度都产生过重要的影响"⑩，隋唐时期更一度成为官服所用。但随着蹀躞带实用功能的逐渐降低，坠饰中的象征意义逐渐凸显，刀子、砺石、针筒等也发展成了清代彩帨上多象征吉祥寓意的葫芦、宝剑等丝织角雕饰物。乾隆三十七年（1772）对清代官服制度进行敲定时，将彩帨作为命妇服饰的定制（图二七），一同颁旨明文。

四、结语

服饰等级的确定象征着一个封建国家社会阶层的明显划分，本意是为了突出统治阶级的特权性，但发展到封建社会的后期，却变成了束缚工匠艺术发挥的阻碍。

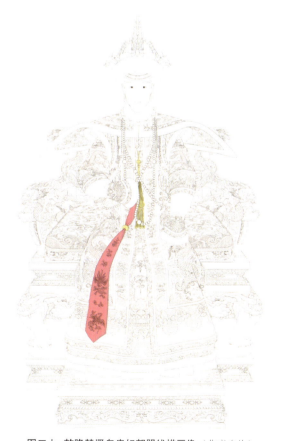

图二七 乾隆慧贤皇贵妃朝服线描画像（作者自绘）

众多贵族女子为了在装扮上体现个人意志，只得在法律规定的前提下，转而专注在服装的小型佩饰之上。"行步则有环佩声"的贵族女子们将越来越多的装饰技艺施于其上。霞帔与彩帨在宽袍大袖的礼服之上，增添了些许灵动之感，使得礼服在庄严之下多了一丝动态。礼仪服饰既有其物质属性，也在其上拥有象征吉祥等意义的精神属性，这与燕居服等日常服饰有着本质的区别。

目前明清命妇礼服服饰既有传世品、也有出土品，更多研究成果会继续补充中国传统服饰的文化含义。

① 丁文月：《明代霞帔研究》，《苏州工艺美术职业技术学院学报》2012年第1期。

② 孙机：《唐代妇女的服装与化妆》，《文物》1984年第4期。

③ 于长英：《古代霞帔探源》，《华夏文化》2007年第2期。

④ 图二二至图二四由中国社会科学院考古研究所胡晓昆绘制。

⑤ 朱曼：《论明代凤冠霞帔的定制与婚俗文化影响力》，《美术教育研究》2013年第9期。

⑥ 石钊钊：《江西宁静王夫人吴氏墓出土霞帔后期保护初步研究》，《文化遗产研究》第3辑，科学出版社，2017年，第286页。

⑦ 梁惠娥、李坤元：《清代"彩帨"的形制与图案》，《丝绸》2016年第10期。

⑧ 缪良云主编：《中国衣经》，上海文化出版社，2000年，第213页。

⑨ 李坤元、梁惠娥：《明清"帉帨"研究现状及发展趋势》，《服装学报》2017年第3期。

⑩ 赵晓峰、李永洁：《内蒙古地区出土辽代蹀躞带考》，《赤峰学院学报》2019年第4期。

（作者单位：北京市大葆台西汉墓博物馆）

清代固伦荣宪公主墓随葬品述略

张伟娇

固伦荣宪公主（1673—1728），生于康熙十二年（1673）五月初六，母荣妃马佳氏，是康熙帝第三女。康熙三十年（1691）元月受封为和硕荣宪公主，六月下嫁蒙古巴林右翼旗札萨克乌尔衮郡王。康熙四十八年（1709）晋封固伦荣宪公主，雍正六年（1728）四月二十一日病故，享年五十六岁。按清制，只有皇后所生女儿才可封为固伦公主，妃嫔所生最高只授封和硕公主，荣宪公主是康熙皇帝众多女儿中由康熙亲自晋封的唯一一位固伦公主，且其墓志中有"公主克诚克孝，竭力事亲，诸公主中尔实为最是闲（娴）"之语句[①]。可见公主很受康熙皇帝的恩宠。

荣宪公主陵位于今内蒙古赤峰市巴林右旗白音尔灯苏木十家子村巴彦套白山南麓，由祭殿和陵园两部分组成，地面建筑有门、东西配殿、碑亭、陵殿、享殿、地宫，在清朝公主陵墓中也属于规格较高者。公主陵墓于"文化大革命"期间遭破坏，1966年昭乌达盟文物工作站对公主陵进行了调查清理。揭开棺盖时，发现公主尸体保存完好，肌肉富有弹性，毛发均未脱落。死者身高156厘米，发辫油黑，辫长约75厘米，两股三辫垂至腰部，葬式为仰身直肢，头南脚北，头戴金制凤冠，身穿多层衣服，出土时多已残损[②]。

一、荣宪公主墓的随葬品

经抢救保存下来的随葬物品主要有服饰、首饰和墓志等一百多件，现分别收藏于赤峰市博物馆、巴林右旗博物馆和内蒙古博物院。

（一）服饰类

服饰包括衣服和纽扣，衣服出土多件，保存完整的只有三件：深黄色缂米珠八团有水夹龙袍、深黄色八团喜相逢有水夹袍、浅绿色博古纹夹袍。纽扣，包括金纽扣、金镶金珀扣、银镶琥珀扣、滑石雕花扣和鎏金纽扣50余个。

清朝皇室的服饰种类包括礼服、吉服、常服、行服、戎服、便服等。其中礼服和吉服是参加祭祀、重大典礼和节日时穿戴的，男性礼服包括衮服、朝袍、朝褂、罩端、朝珠、朝帽、朝靴，女性有朝袍、朝裙、朝褂、凤冠、金约、耳坠、领约、彩帨。而吉服主要是龙袍、龙褂、朝珠、吉服冠，不过后期吉服上的纹饰也丰富起来，包括寿字、汉瓦、团花、团鹤、喜相逢、五福捧寿、博古纹、五谷丰登、暗八仙、龙凤同合等纹饰，颜色也不再是单一的黄色。常服包括常服冠、常服袍、常服褂，主要以素织暗花为装饰主体，是皇室帝后经常穿戴的服饰，也是除礼服、吉服外唯一可以佩戴朝珠的服饰，它既有礼服的性质也包含吉服的作用，多用于严肃庄重的场合。便服为日常闲居时所穿戴，包括便袍、马褂、氅衣、衬衣、坎肩、袄、裤等，花色较多，款式也最丰富，其中便服袍与常服袍最大的区别就是便服袍平袖、常服袍马蹄袖，改变了满族传统服饰繁缛的特点[③]。清代皇室衣服种类繁多且讲究严格，以适用于不同场合的穿戴，那么荣宪公主的这几件衣服属于哪

图一　深黄色缉米珠八团有水夹龙袍

个种类呢？

深黄色缉米珠八团有水夹龙袍（图一），圆领，右衽，左右开裾，马蹄袖，石青缎素接袖，袍底摆饰江崖海水纹，袍身缉米珠绣八团五爪龙，肩部、前胸、后背四团正龙，下摆前后共四团行龙，正龙捧寿，正龙下方有江崖海水纹，行龙吐火焰珠，龙袍的领、袖边及接袖饰有蝠桃捧缉米团寿纹，白色暗花绸里，这当是荣宪公主的吉服袍，这种有水团龙袍在康熙雍正年间是十分少见的，制作这么华丽能保存下来的更是少有。《清史稿·舆服二》有关固伦公主吉服袍如是规定："蟒袍用香色，通绣九龙。"香色即是深黄色，蟒袍即指吉服袍。乾隆时期的《皇朝礼器图式》记载："本朝定制，皇子福晋蟒袍用香色，通绣九龙，下至郡王福晋、县主皆同。"但没有关于固伦公主团龙袍的明确记载和规定。荣宪公主的这件团龙袍，深黄色与之相符，但是龙只有八条。这只是固伦公主的吉服袍之一，还有一种满地云福纹龙袍，除了袍服外面两肩前胸后背和下摆的八条龙外，龙袍大襟内部还有一条龙，无论从前身还是后身望去都是五条龙，而龙袍的主体纹饰共有九条龙，是古代"九五之尊"在皇族服装中的具体体现。吉服又称"彩服""花衣"，主要用于重大吉庆节日、筵宴及祭祀主体活动前后的"序幕"与"尾声"阶段。

另外两件衣服，一件深黄色八团喜相逢有水夹袍（图二），一件浅绿色博古纹夹袍（图三），无开裾，圆领，平袖，算是衬衣，也可穿在外面。虽然是荣宪公主的便服，但其纹饰多样，绣工精湛。八团喜相逢袍虽年久失色，仍能看出蝴蝶花纹配有蓝、白、黄、深黄、浅绿、棕等多种颜色，并与江崖海水纹的颜色相对应，形成整个袍身的主体花纹，八团喜相逢纹周围还有上百只小彩蝶和花纹，整体构图超俗洒逸，繁而不乱，素淡而不失华丽，尤其裙摆的江崖海水又不失皇家气派。由于清初对"吉服"的概念并没有明确规定，所有上衣下裳连在一起的统称为

图二　深黄色八团喜相逢有水夹袍

图三　浅绿色博古纹夹袍

"袍服"，故荣宪公主的这件八团喜相逢有水夹袍应该兼有吉服的性质。博古袍纹饰更是以八个不同器型的仿古花瓶为主，花瓶内插有牡丹、梅花、兰花、芍药、寿菊等，花瓶周围更有上百件仿古器具，如鼎、觚、盉、出戟尊等，其间不乏有蟹、鹿、孔雀、仙鹤、锦鸡等富贵纹饰，还有宝剑、扇子、荷叶等暗八仙纹饰及书、画卷等，并在画轴上绣花卉及文字"夏日画""春城无处不飞花"的诗句及印章，具有博古通今、吉祥富贵之意，这件袍服虽素雅而不失高贵。

图四　累丝福禄寿宝石银簪

（二）首饰类

首饰可分为头饰、耳饰、项饰和手上饰品。

头饰分有簪型和无簪型两种。有簪型的头饰共六种：

1. 累丝云福纹嵌猫睛石金簪，2支，簪花呈菱形，中间镶嵌一颗黄色猫眼石，四周有累丝工艺云纹和嵌四颗宝石，宝石缺失，一支有猫眼石，另一支猫眼石缺失。

2. 累丝菊花缀珍珠金簪，此型簪又分两种：

（1）菊花累丝缀珍珠金簪，2支，菊花三层，中间缀有一颗大珍珠，边缘花瓣分别缀有珍珠。

（2）菊花累丝点翠缀珍珠金簪，3支，菊花两层，只有中间缀有一颗大珍珠，花瓣采用点翠工艺，现在只能偶见残留的羽毛。一支基本完整，其余两支嵌物缺失。

3. 累丝镶珍珠金簪，2支，金累丝双层花萼上托起一大颗珍珠，簪铤细长类似针形，又称"抱头莲"。

图五　双鹤祝寿金簪

4. 累丝福禄寿宝石银簪，2支，簪花头金质，由梅花、兰花、寿字、蝙蝠和鹿组成，梅花和兰花采用累丝花瓣作底，上面缀珍珠，红宝石作花心，梅花鹿采用累丝工艺，鹿身镶嵌物缺失，两只金作蝙蝠和一金作"寿"字，簪子上某些部位能零星看到点翠工艺（图四）。

5. 累丝如意嵌珍珠金簪，2支，花瓣累丝工艺如意形，中间镶嵌大珍珠一颗，簪花头与簪身均为金质。

6. 双鹤祝寿金簪，1支，双鹤金质，两鹤相向飞翔状，两鹤中间捧一"寿"字，金作托，上嵌有红色珊瑚"寿"字，字上方托一祥云，云上嵌一大珍珠，已脱落。双鹤下方有竹石、瑞草。簪身上刻有"福禄寿"三字（图五）。

无簪型头饰有三种：

1. 金镶宝石松竹梅头饰，2件，头饰为花插型，绿色玉石和红色珊瑚作梅花瓣，松石作松叶，金质竹叶，采用累丝工艺。

2. 花丝松竹梅鹤仙人金饰，1件，仙人右腿屈膝盘坐，左腿自然垂落状，头部缺失，项部到前胸部有胡须，应该是一老者，衣服呈飘逸状，手捧如意，如意中间的嵌物缺失。仙人下方有竹石和口衔瑞草的梅花鹿，鹿身嵌物缺失。仙人左上方有一只飞翔仙鹤和一棵松树，仙鹤双脚托一物，上面的嵌物已缺失，仙鹤和松树上原嵌宝石均已缺失，此簪饰具有松鹤延年之意（图六）。

图六　花丝松竹梅鹤仙人金饰

图七　累丝嵌珍珠金凤饰

3. 累丝嵌珍珠金凤饰，5件，隐约能看到有的地方有点翠工艺，凤头部有冠羽，颌下有类似公鸡的肉裾，凤呈展翅状，七条金凤尾并列展开呈扇面状，此凤饰上有七个镶嵌处，凤尾上三处，两翅各一个，凤身一处，凤头顶一处，上面的镶嵌物均缺失（图七）。

此外还有2件花丝衔珍珠凤饰，呈左右对称状，圆眼，尖嘴，头部有一支冠羽，双翅呈展开状，身上有一椭圆形镶嵌物缺失，尾束状展开共15条，每条尾末端都嵌有一颗珍珠，喙部衔有珊瑚如意，下缀两行珍珠流苏。

从出土的头饰来看，排除破坏和盗掘的可能，基本都是成双出现，而且这些纹饰多具有吉祥如意的寓意，如蝙蝠跟"寿"字、鹿组合取谐音"福禄寿"之意，云纹、如意纹又寄托"万事如意"，"岁寒三友"松竹梅是个人品节美好的象征，松、鹤、菊花等富有长寿的寓意，凤和孔雀的造型又是尊贵华丽皇家身份的象征。从其制造精美、造型华丽来看，又体现出荣宪公主的皇家威仪和显赫的地位。

凤自古以来与龙一样在我国传统文化中一直扮演着重要的角色，并在社会发展中逐渐演化成一种民族图腾，自秦汉以后，龙逐渐成为帝王的象征，而凤则成为皇族女性们尊崇地位的象征。

清代，凤冠是皇后妃嫔命妇们接受册封、谒庙、参加朝会时的礼帽，其使用更是有一套等级森严的制度。《清史稿·舆服二》中有关于固伦公主凤冠的规定："固伦公主冠、服制如亲王福晋。崇德元年，定固伦公主冠顶嵌东珠八。顺治九年，定冠顶增嵌东珠二。服用翟鸟五爪四团龙补、五爪龙缎、妆缎、满翠四补等缎。"又规定了亲王福晋冠服："亲王福晋吉服褂，绣五爪金龙四团，前后正龙，两肩行龙。余皆与皇子福晋同。""皇子福晋朝冠，顶镂金三层，饰东珠十，上衔红宝石。朱纬。上周缀金孔雀五，饰东珠七，小珍珠三十九。后金孔雀一，垂珠三行二就。中间金衔青金石结一，饰东珠各三，末缀珊瑚。冠后护领垂金黄绦二，末亦缀珊瑚。青缎为带。吉服冠顶用红宝石。"荣宪公主生活在康熙和雍正年间，康熙和雍正朝《大清会典》中记载了固伦公主冠服的规制："崇德元年定，冠顶、大簪、舍林、项圈各嵌东珠八。顺治九年题准，冠顶等项，各嵌东珠十颗，服用翟鸟五爪四团龙补、五爪龙缎、妆缎、满翠四补等缎。"并没有提及固伦公主朝冠上的凤及孔雀。乾隆时期的《皇朝礼器图式》以图文并茂的形式记载典章制度中的器物，而其中关于固伦公主冠服的记载与《清史稿》中一致，从《皇朝礼器图式》中朝冠的图片来看，冠上的鸟头上有孔雀的冠羽，造型却是孔雀形状的"凤"，而荣宪公主墓出土的凤饰中至少五件是这样的"凤"形，而出土的凤饰身上恰巧有七个镶嵌处，虽然嵌物缺失，但与"饰东珠七"的记载很符合，说明该凤饰件有可能是固伦荣宪公主朝冠上的，只是没有见到"顶镂金三层，饰东珠十，上衔红宝石"的帽顶。

还有一种旗人女性的发式在清初流行，将头发编成辫子盘于头顶之上，再用编织好的暗色的青绫、绉纱之类包系于头上，同时在包好的包头之上再加饰各种簪钗，簪饰可繁可简，甚至有用数个凤簪装饰的，如豫通亲王多铎嫡福晋博尔济吉特氏吉服像中，就采用包头饰凤簪的发式④，另外旗人女性还有一种重要的头饰叫钿子，一般用金属丝或藤等制作，经过造型构成简单的骨架，再以骨架为支撑用丝线、布，乃至于纸做成一个形似覆钵的模子，然后在这个模子上镶嵌钿花，钿花一般以块为计数，分为半钿、满钿和凤钿，凤钿之饰九块，满钿七块，半钿五块。清代福格《听雨

图八 雍正皇帝生母德妃吉服画像

图九 多罗恭勤贝勒弘明嫡福晋完颜氏画像

丛谈》卷六有关于钿子的记载："八旗妇人彩服，有钿子之制，制同凤冠，以铁丝或藤为骨，以皂纱或线网冒之，前如凤冠，施七翟，周以珠旒，长及于眉。后如覆箕，上穿下广，垂及于肩，施五翟，各衔垂珠排，每排三衡，每衡贯珠三串，杂以璃琪之属，负垂于背，长尺有寸，左右博鬓，间以珠翠花叶，周以穿珠璎珞，自额而后，迤逦联于后旒，补空处相度稀稠，以珠翠云朵杂花饰之，谓之凤钿。又有常服钿子，则翠珠满饰或半饰，不具珠旒。"这里说的彩服即是吉服，也就是说一般凤钿是与吉服配套使用的，而常服钿子就相对简单一些，没有流苏璎珞之类。由于清代冠服礼制中没有关于钿子的记录，目前仅有清朝的画像可以看到，如雍正皇帝生母德妃吉服画像、华盛顿赛克勒美术馆所藏多罗恭勤贝勒弘明嫡福晋完颜氏画像及恂勤郡王胤禵及福晋画像，均是身穿吉服，头戴凤钿，配朝珠及领约（图八、图九）。这也印证了着吉服时一般使用凤钿的情况。北京故宫博物院收藏有五凤珠宝钿子，纸板制成的钿壳刻作编纹，其上铺翠，五只金累丝点翠珠宝凤缀在前面中央，金点翠九翟在其下，凤与翟口中各衔璎珞。钿尾一个点翠镶宝大花篮，金累丝点翠花叶、花朵和虫草分布在花篮两边。钿缘缀着六挂璎珞，四挂挑牌[5]。这个凤钿上的金凤饰头顶、背部及两翅上均镶嵌一颗珍珠，七条凤尾中有三条镶嵌大的珠宝，中间一条镶嵌珍珠，左右两边各

图一一 珍珠珊瑚节朝珠

嵌红宝石，凤的口部衔有珍珠流苏，这与荣宪公主墓出土的累丝点翠凤饰不但造型上很像，而且七个镶嵌处也一致，并且荣宪公主墓也出土了挑牌构件、珍珠流苏类的小饰件。在清朝旗人女性的冠饰上，朝冠、包头和钿子上均有凤的出现，由于荣宪公主墓没有冠帽的具体形状出现，所以说这些凤饰件很有可能是这几种冠帽上的装饰，但是从目前保存下来的清代帝后亲王福晋等的画像和现存的后妃等的朝冠来看，荣宪公主的凤饰极有可能是凤钿上的装饰。

耳饰类（图一〇）：

1. 花丝龙衔珍珠金耳坠，3副。耳坠累丝金龙，口衔两颗珍珠，呈葫芦状耳坠，金龙尾端与耳钩处缀有一颗小珍珠。这种形状的耳坠与清早期皇后画像所佩戴的耳坠一致。

2. 金云衔珍珠耳坠，共5只，一只无珍珠坠。金云下缀红色伞状珊瑚花托，下衔两颗珍珠，两颗

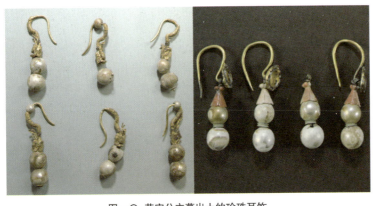

图一〇 荣宪公主墓出土的珍珠耳饰

珍珠间有一松石，整个坠呈葫芦状。所有金云上的镶嵌物均缺失。这种形状的耳坠与《皇朝礼器图式》中绘制的一样。

满族女子通常一耳三钳，即每个耳朵上有三个耳洞，同时戴三副耳坠，这从

图一四 荣宪公主墓出土的手镯、手链

清代流传下来的后妃等画像中可见一斑。到了乾隆时期，耳饰的佩戴不仅是风俗的问题，更被统治者看成是满洲贵族女性身份的象征。如《大清会典事例》和《皇朝礼器图式》中明确规定，皇后"耳饰左右各三，每具金龙衔一等东珠各二"，皇贵妃、贵妃、妃、嫔皆同金龙衔珠，但是东珠等级不同，固伦公主"耳饰左右各三，每具金云衔珠各二"，可以确定这种葫芦形的耳坠是比较正式的佩戴，是礼服装扮的一部分，也是一种身份地位的象征。

项饰类：

1. 珍珠珊瑚节朝珠一盘，东珠108颗，每27颗间隔一颗珊瑚大珠、两颗青金石小珠，青金石记念三串，佛头缺失，青金石背云，下面是黄色丝绦，珊瑚坠角（图一一）。

2. 珊瑚领约，金质，开合式，圆环形，采用錾刻和镶嵌工艺加工而成，共分三节，活口处两块錾云龙纹，中间一块錾牡丹花卉纹，中间嵌珊瑚节八块，每两个珊瑚节中间镶嵌一颗金云珍珠，共七颗（图一二）。

3. 金镶珊瑚缀珍珠黄丝绦，2条，每条长约48厘米，上有两个刻有龙纹的金镶珊瑚坠角，中间贯有金镶珊瑚佩饰（图

图一二 珊瑚领约

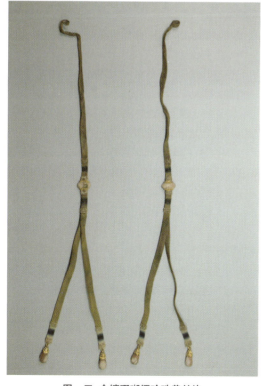

图一三 金镶珊瑚缀珍珠黄丝绦

一三）。这与清代固伦公主领约"两端垂金黄绦二，中贯珊瑚，末缀珊瑚各二"的规定很相符，这两根丝绦是领约两端的两根丝绦。

领约即是项圈，朝珠和项圈本来是可以在生活中使用的，如清初的画像中可见着常服佩戴或手拿朝珠，穿着吉服佩戴项圈者，到清中期冠服制度定型以后，朝珠只能着朝服和吉服佩戴，项圈更是只有着朝服时使用。《清史稿》中对固伦公主的领约和朝珠如是规定："领约，镂金为之，饰东珠七，间以珊瑚。两端垂金黄绦二，中贯珊瑚，末缀珊瑚各二。""朝服朝珠三盘，珊瑚一，蜜珀二。吉服朝珠一盘。珍宝随所御。绦皆金黄色。"荣宪公主的领约与文献记载是一致的，且朝珠选用的是上等东珠，可见荣宪公主当时的身

图一五 荣宪公主墓出土的戒指

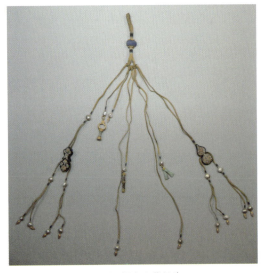

图一六 缀杂宝黄丝绦

图一七 金花丝镶青金石松石圆形饰件

份和地位也是极高的。

手上饰品：

1.手镯类，一种是手镯，一种是手链（图一四）。

（1）錾龙纹金镯，两对，实心，上面錾刻二龙戏珠纹饰。

（2）缀珍珠金手链，一对，每条手链有十三节，每一节中间空心，用丝带穿系，每节中间缀有珍珠。

2.戒指类（图一五）

（1）金镶钻石戒，铂金质地，戒指和戒顶分别一对。

（2）镶珍珠金戒指一对，黄金质地，花丝菊瓣纹中间镶嵌一颗珍珠。

（三）其他

1.缀杂宝黄丝绦，通长43厘米。丝绦上端穿系一枚椭圆形刻盘旋龙纹青金石，下面黄色丝绦上缀有石青色丝编织葫芦和縏褖（縏褖即是装针线之囊袋）、金笆

篱、松石阴阳板和铜箍金宝剑等有暗八仙之意的杂宝。每个丝绦下端都有金包珊瑚坠角（图一六）。

2. 金花丝镶青金石松石圆形饰件，高2.3厘米，中间圆孔直径0.95厘米，此物中间是一圆柱形，中空，周围平均镶嵌五个椭圆形宝石（一件绿松石、四件青金石），完整，整体类似一圆珠形状（图一七）。

据《清史稿》载，皇后、皇太后"彩帨，绿色，绣文为五谷丰登。配箴管、縏袠之属。绦皆明黄色"，固伦公主"彩帨月白色，不绣花文，结佩惟宜。绦皆金黄色"。

彩帨，是清初时拴在满族女性服饰上的手巾帕子，在生活中是有实际意义的。清初这种手巾有两种形制，一种手巾宽而长，佩戴在袍或褂胸前的第二个扣子上，有的穿过一个环状饰物，有的则只有手巾角有一圆环挂在扣子上。另一种则是形状细长，戴时将手巾两角折叠向内，形成上锐下广的形状，上端饰约珠，大多与荷包等小饰物一同佩戴。清初第一种形制的手巾出现较多，常穿着吉服、常服、便服的时候佩戴，第二种形制的手巾主要在穿着朝服时佩戴。除了手巾形制不一致外，佩戴方式也不一致，有的女子穿朝服时也不佩戴，有的贵族女子则只单独佩戴白手巾，有的则与荷包、牙签筒等杂宝小饰件一起佩戴，有的将手巾挂在褂子外面的扣子上，有的挂在褂子里面的袍子上[6]。乾隆年间，对皇室贵族女子穿朝服时佩戴的彩帨形制有了明确规定，这时的彩帨已经没有了实用功能。彩帨一般长约1米，上窄下宽，下缘尖锐，上端有挂钩、东珠或玉环，中间偏上有一圆形约珠。材质各异，有镂金嵌宝的，有金银累丝或画珐琅的，彩帨通过此珠下垂，彩帨颜色也有了等级区别，依等级绣纹饰或不绣纹饰，彩帨上的杂宝则是惟宜便可，使用时佩挂于朝褂的第二个扣子之上，垂于胸前。"约珠"即是满族妇人约束胸前佩戴彩帨或手

图一八　荣宪公主墓出土柏木墓志

图一九　荣宪公主水晶印

图二〇　荣宪公主墓出土饰件1

巾的圆状饰物，中心贯通，彩帨或手巾从中穿之，做工也是极其考究。

从典籍和现在保留下来的彩帨来看，

图二一 荣宪公主墓出土饰件2

这个缀杂宝黄丝绦应该是荣宪公主彩帨上的佩饰，只是彩帨巾不见。而这个镶嵌青金石的圆形金饰件按其形状大小来看，应该是彩帨上的约珠。这两件东西都是公主彩帨上的饰件。

3. 柏木墓志一方，由三块长条木板黏合而成，接近方形，正面左侧为满文，右侧为汉文，背面蒙文，三种文字墨书荣宪公主的生卒年月、晋封、德行及额驸乌尔衮生平事迹（图一八）。

4. 荣宪公主水晶印，方形，上有一虎形兽纽，印上篆书"荣宪公主之章"六字（图一九）。

5. 冠或钿子上的饰件若干，有镶钻石珍珠方胜形状金饰一件，花丝竹节梁金花篮一件，花丝金龙五件，以及红珊瑚蝙蝠吊坠，串有珍珠宝石的流苏，红宝石、碧玺等各色宝石，大小珍珠若干，还有一些金饰上的残件，如挑牌上垂挂流苏璎珞的磬状饰件、簪子上脱落下来的残件等（图二〇、图二一）。

这些随葬品都是荣宪公主生前喜爱之物，从头饰、耳饰到项饰、手饰、佩饰，无不体现出奢华大气、高贵典雅、精致繁复的特点，代表了当时的工艺水平。荣宪公主把这些皇家用品带到巴林草原，而这些服饰的造型、配色、纹样设计和工艺等都给当地民族的服饰发展和创作带来影响。

二、关于荣宪公主敛服的讨论

根据目前可见的考古资料，清代公主葬式主要有土葬和火葬两种。而关于公主地宫清理的完整、清晰的发掘报告、田野资料较少，可作参考的只有吉林通榆兴隆公主墓[⑦]，即固伦纯禧公主墓。固伦纯禧公主是和硕恭亲王常宁之女，也是康熙皇帝的养女，生于康熙十年（1671）十月，康熙二十九年（1690）封为和硕纯禧公主，嫁给蒙古科尔沁部台吉博尔济吉特氏班第。雍正元年（1723）二月晋封固伦纯禧公主，乾隆六年（1741）十二月初七病故，葬于通榆兴隆山。固伦纯禧公主墓也出土袍服，有绫缎内衣、外衣多种，但多已残朽成碎片，还发现绣有龙的身、爪等的衣服碎片。由于荣宪公主墓在"文化大革命"初已遭破坏，从目前所掌握的资料来看，荣宪公主下葬时头戴金制凤冠，身穿多层服饰，身体下铺蓝底麻织素面褥垫，服饰多种，有内衣、外衣等。目前所知的清代皇族墓葬多被严重盗扰，尸体也遭拖拽，所以很难恢复原貌。但是在这些皇族女性墓里都能发现龙、凤图案的衣服残片[8]，也可以推断，这些女性多数穿生前的朝服或吉服入殓。

朝服和吉服属于礼服，这在清朝典章制度中有明确记载和描述。朝服包括朝冠、朝袍、朝裙、朝褂、金约、耳饰、领约、彩帨及朝珠三挂。从清朝流传下来的皇宫女性人物画像来看，朝服基本是严格配套穿戴的。而吉服包括吉服冠、吉服袍（龙袍）、吉服褂（龙褂）、头箍、耳饰、领约、彩帨及朝珠一挂。从清朝流传下来的画像中看，皇室女性的吉服配套穿戴并不严格，吉服袍和吉服褂是可以分开穿的，有的着吉服时朝珠有佩戴三挂的也有不佩戴的，头箍及领约有佩戴的也有不佩戴的，所以皇室女性吉服的穿戴是多样化的。

从荣宪公主墓出土随葬品和目前所了解的资料来看，有关朝服或吉服的服饰有：凤饰七件，金龙衔珍珠耳坠三对及金云衔珍珠耳坠，深珍珠朝珠一盘，领约一件，彩帨一件，深黄色缉米珠八团有水夹龙袍一件。没有发现朝服中的金约、披领、朝裙、石青色朝褂等，也未发现固伦

公主朝冠上的三层镂空帽顶及红宝石，由此来看，荣宪公主很有可能跟清朝流传下来的早期皇室女性画像上的着装一样，着吉服，头戴凤钿，耳戴三对葫芦形珍珠耳坠，颈部戴领约及朝珠，胸前佩戴彩帨。由于荣宪公主墓在20世纪60年代遭破坏，且掌握资料有限，目前只是根据荣宪公主墓出土物进行的推测。

---

① 刘冰、顾亚丽：《草原姻盟》，远方出版社，2007年。

② 项春松：《内蒙古白音尔灯清代荣宪墓》，《文物资料丛刊》第7辑，文物出版社，1983年。

③ 严勇、房宏俊、殷安妮主编：《清宫服饰图典》，紫禁城出版社，2010年。

④ 橘玄雅：《旗人女性的首饰》，《紫禁城》2016年第7期。

⑤ 故宫博物院编：《清宫后妃首饰图典》，故宫出版社，2012年。

⑥ 刘菲：《清前期皇室及贵族服饰研究》，山东大学博士论文，2014年。

⑦ 张英：《吉林通榆兴隆山清代公主墓》，《文物》1984年第11期。

⑧ 韩佺：《清代皇族女性墓葬研究》，南开大学博士论文，2014年。

（作者单位：内蒙古赤峰市博物馆）

清末民国时期颐和园老照片述论

曹　慧

摄影术的发明为人类文化开辟了新的领域，老照片作为珍贵的影像资料，其独特的历史文化价值逐渐得到重视和广泛应用。颐和园是较早展示、收藏和研究利用颐和园老照片的机构，曾于2003年和2008年两次举办老照片展，展出老照片120余张，引起各界高度关注。2007年起，颐和园每年设置专项资金征集相关题材的老照片，经过多年积累，如今已收藏老照片总计3000余张，其中涉及颐和园的老照片1500余张，另有高清电子图片600余张。颐和园老照片起始于1860年清漪园被毁时，历经清末、民国时期，照片题材丰富，涵盖建筑、景观、陈设、植物、人物等诸多方面；照片形式多样，包含明信片、立体照片、航拍照片等。

颐和园老照片作为认识和了解颐和园历史的重要窗口，逐渐成为开展园林历史研究、古建保护性修缮、文物展陈、绿化管理等方面工作的重要史料依据。本文简述了摄影术在中国的传播概况，系统梳理了清末民国时期颐和园老照片的发展脉络，根据不同阶段的特点，着重从历史背景、摄影师、摄影技术等角度进行剖析；同时对颐和园老照片的自身价值及信息价值进行深入阐述。

一、摄影术在中国的传播概况

摄影术与世界上的其他事物一样，它的发明和发展，是在继承和发扬了各民族、各国家历史上科学成就的基础上产生的。1839年8月，法国政府公布了路易·达盖尔的银版摄影法，这一年也被多数人公认为摄影术诞生的年代。19世纪40年代，当时的摄影术还处于摇篮时代，各国科学家仍在为改进技术而尽心竭力地探索，同一时期西方资本主义迅猛崛起，不断谋求扩张，伴随着列强侵略的步伐，摄影术传播到世界各地。

摄影术在中国的传播路径和范围与近代中国的发展进程息息相关，遗憾的是，它并不是以温和而平缓的方式进行扩散，它的每一次大规模传播都是以战争为载体。概括来说，第一次鸦片战争期间，西方的坚船利炮带来了先进的现代科学技术，摄影术传入中国东南沿海地区。第二次鸦片战争期间，摄影术扩散到北方和内陆地区。而八国联军侵华战争后，保守落后的封建思想受到严重冲击，摄影术正式进入宫廷，并在全中国蓬勃发展起来。

二、清漪园老照片

（一）1860年影像

为进一步打开中国市场，扩大在华侵略利益，英法两国在俄、美的支持下发动了第二次鸦片战争。1860年10月，联军占领北京，为报复清政府扣押谈判代表和联军战俘，于10月18日至20日纵火焚烧"三山五园"。在动荡混乱的形势下，英军随军摄影师费利斯·比托拍摄了清漪园被焚前后的景象，留下了这座皇家园林的第一次摄影记录（图一）。目前已发现的照片有5张，尽管数量不多，仍具有十分珍贵的史料价值，尤其是被毁前的文昌阁和昙

图一　文昌阁（费利斯·比托　1860年）

花阁，为相关研究提供了直观、形象的参考资料。

　　比托未能拍摄更多照片的原因主要有两方面，一是受限于摄影技术。当时的摄影师普遍采用火棉胶玻璃湿版法，要求在照片拍摄后立即冲洗，需要随身携带大量设备和化学药品，移动不便，而且对光线和环境的要求也很高。二是时间仓促。法军10月5日就已占据圆明园等处，并开始大肆劫掠，英军的到达滞后两天，比托什么时间到达尚未可知。此外，清政府于10月13日打开安定门后，比托一直忙于拍摄北京的城墙和北京城，对西郊园林的拍摄只能交叉进行①。

　　比托留下了102张带编号的中国照片，其中有关北京的32张，这是第一批大规模在中国大陆地区拍摄的影像资料，被看作摄影业开始着力在中国立足的标志②。作为有明确记载的最早一批在中国北方进行拍摄的外国摄影师，比托留下的影像资料为我们研究第二次鸦片战争时期的历史提供了史实依据，他的摄影活动也对摄影术在中国北方的传播起到了积极作用。

（二）清漪园劫后照片

　　第二次鸦片战争以清政府惨败、签订一系列不平等条约告终，根据条约规定及最惠国待遇，各国公使得以进驻北京，并且允许外国人往内地游历、经商、传教，大批西方人拥入中国，包括各国使馆的外交官员和各类工作人员、大清海关中的外国官员及雇员、传教士等，他们在闲暇时各有所好，摄影便是其中之一③。此外，每年还有一些职业摄影师专门到北京游历摄影。战后的40年间，社会局势相对稳定，北京地区的摄影活动逐渐活跃起来，以外国人为主的摄影师留下了大量内容丰富、题材多样的影像资料。

　　清漪园劫掠后的园林管理相对松散，外国人士进入比较容易，在19世纪60年代至80年代期间出现了一个短暂的摄影高峰。这一时期老照片的特点：一是照片主题围绕着园内各处遗址和残存建筑的变化情况；二是摄影师的数量大为增加、身份各异且出现了中国摄影师；三是照片反映的内容更加丰富，拍摄的范围更为广泛，基本覆盖全园。在拍摄清漪园的摄影师中有四位需要着重提出，他们无一不具备丰富的摄影经验和成熟的摄影技术，并对推动清漪园老照片的传播、增强世人对清漪园的了解起到积极作用。

　　教会医生约翰·德贞，他于1864年来到北京，在此生活了32年，直至1901年去世。在京期间，德贞身兼数职，由于精湛的医术，他与各国驻华机构、清廷的关系都十分密切，进出西郊园林非常便利。德贞是较早拍摄清漪园遗址的摄影师，第一张大报恩延寿寺遗址的全景就出自其手，他也是为数不多拍摄过治镜阁遗址的摄影师。此外，德贞为摄影术在中国的传播也做出了不容忽视的贡献，他于1873年出版了中文摄影专著《脱影奇观》，详细介绍了摄影的原理和实践，汉语中很多有关摄影的专业术语如"照相、摄影、胶片、感光"等都是他翻译创造的④。

职业摄影师约翰·汤姆森，他早年受过专业的摄影训练，进行过艺术学习熏陶，是第一个最广泛拍摄并传播中国的西方摄影家。汤姆森在北京的摄影活动得到了英国驻北京公使馆的大力支持，1871年10月，他在德贞的陪同下游览拍摄了清漪园⑤。约翰森对照片的细节要求很高，取景构图都十分讲究，他拍摄的铜亭、智慧海等照片的艺术水准远超其他摄影师，具有极高的欣赏和收藏价值（图二）。此外，汤姆森还用文字详细记录了他拍摄的感想，描述了英法联军作为侵略者对清漪园造成的破坏，表达了惋惜之情。

海关燃气工程师托马斯·查尔德，他在北京生活近20年，拍摄了200多张照

图三　大报恩延寿寺遗址（托马斯·查尔德 1875年）

片，拍摄时间大多集中在1870—1880年之间，拍摄地点均在北京及周边地区，大部分题材是北京的名胜古迹和城市建筑，兼顾百姓生活，具有重要的史料价值（图三）。查尔德曾多次进入清漪园拍摄，留存24张照片，时间包含不同季节，地点涵盖宫门、万寿山前山后山、昆明湖、东堤等重要区域，数量多，质量高。他是同时期摄影师中的佼佼者。

中国摄影师赖阿芳，是19世纪中国最成功的商业摄影师，他的摄影技术得到了西方同行的认可和赞誉。阿芳祖籍广东，主要活动区域在东南沿海地区，1879年他进京为外国公使拍摄了系列合影⑥，在京期间拍摄了清漪园照片，成为第一位拍摄清漪园的中国职业摄影师。与同时期其他摄影师的拍摄相比，阿芳入园拍摄的时间较晚，他拍摄的铜亭、十七孔桥等照片填补了荒园晚期状况拍摄的空缺。

1886年，清廷开始秘密整修清漪园，加强了园林的守卫，摄影师很难进入拍摄，目前发现的照片只有零星几张，其中一张展现重修过程中万寿山前山的远景照片极为珍贵。照片中排云殿、德晖殿等处已基本完工，而佛香阁尚未复建，云辉玉宇牌楼也未立起，结合相关档案推测拍摄

图二　宝云阁（约翰·汤姆森 1871年）

时间下限为光绪十七年（1891）。遗憾的是照片的清晰度较低，无法分辨出更多细节。颐和园重修后成为帝后驻跸理政之地，宫禁森严，外人不得进入，摄影就更不可能，这种停滞局面直到1900年才被打破。

三、颐和园老照片

（一）清末颐和园老照片

清末的最后十几年间，伴随着政治、经济、社会的急遽变迁，摄影的记录和媒介功能获得了前所未有的发展，成为中国摄影史上的重要节点[7]。由于特殊的历史背景，1900—1912年间的颐和园老照片有两个特点：一是照片题材和内容更多地侧重记录人物形象及他们的生活状态，呈现一座活的园林；二是摄影技术突飞猛进，摄影设备日趋小巧，易于携带，干版法、立体照片、彩色摄影等新兴技术和照片形式得到应用。

受纪实性影像流行趋势的影响，部分摄影师开始了拍摄时事照片的初步尝试，庚子事变前后，北京专题摄影集应运而生，以颐和园为代表的皇家园林是其中的重要组成部分。八国联军曾在园内占据一年之久，日本摄影师小川一真的《清国北京皇城写真帖》、山本赞七郎的《北京名胜》、德国驻华公使穆莫的《摄影日记》等影集记录了联军在园内的生活状态和园林景观。此外，美国摄影师詹姆斯·利卡尔顿用立体相机拍摄了联军占领期间的情景，这些照片收录在美国安德伍德公司1902年出版的《立体照片中的中国》影集中。与普通照片相比，立体照片的画面更为清晰生动，视野也更加广阔，照片背后还配有文字说明。这些资料不仅让我们看到联军对颐和园的侵占场景，也为联军的侵略行径留下了无可辩驳的史实依据。

这一时期，摄影正式进入宫廷。1903年，清廷驻外公使裕庚的次子勋龄进宫，两年的时间里，他为慈禧太后和皇室眷属拍摄了大量照片，仅慈禧一人就拍摄了30余种装束、神态各异的照片百余张（图四），并冲洗多达700余张。这些照片除悬挂在慈禧寝宫等处外，慈禧还从中挑选称心之作放大成巨幅相片，送给王公大臣供奉或赠送外国首脑[8]。除私人留存之外，慈禧送给美国总统的相片被放在世界博览会上供世人瞻仰；更有北京的欧·路德维希公司、上海的日本出版商高野文次郎等将相片制作成明信片或用珂罗版印刷公开发售，这些照片流入民间，流传甚广[9]。此外，法国摄影师菲尔曼·拉里贝拍摄于1900—1910年之间的清末影像集中收录了23张颐和园侍从仆役的工作、生活场景照片，展现了宫廷底层人员的精神面貌。

20世纪初，法国银行家阿尔伯特·卡恩以个人名义发起了一场名为"地球档案"的全球摄影活动，初衷在于记录人类活动的多元性和丰富性。1912年，受卡恩资助的法国摄影师斯提芬·帕瑟到中国游历，拍摄了52张颐和园彩色照片，拍摄区域以万寿山前山后山、后溪河等处为主，

图四 慈禧太后坐像 （裕勋龄 1903年）

图五 云辉玉宇牌楼 （阿尔伯特·卡恩 1912年）

涉及东堤沿岸建筑和景观（图五），照片采用彩色玻璃版正片，图像清晰，色彩绚丽自然，还原度非常高。这些照片为颐和园老照片增添了一抹亮丽色彩，也是中国题材影像中第一批非手工上色的彩色照片，开创了彩色摄影应用的先河，十分珍贵。

（二）民国时期颐和园老照片

民国时期，在东西方文化的激烈碰撞中，摄影术在全国蓬勃发展起来，中国人的主动摄影意识觉醒，摄影走进了普通人的生活。1914年颐和园对外售票开放后，入园参观的阶层和群体不断扩大，记录和反映颐和园自然景观、人文风貌的照片达到了繁荣。这一时期颐和园老照片有三个特点：一是摄影师的身份更加多元，涌现出更多的社会学者、知识分子等，业余摄影师的队伍不断壮大；二是影像的传播媒介更加多样，风景明信片、报刊新闻摄影、摄影展览、电影等风行起来；三是拍摄手段更具现代特征，如飞机航空摄影的应用。

这一时期的摄影师中有两位杰出代表，一是美国社会经济学家西德尼·戴维·甘博。他拍摄的颐和园照片既有建筑景观的大场面，也有细节和特写，还包括园外的功德寺、青龙桥闸、洋船坞、京西稻田等与颐和园密切相关的周边建筑景观。作为一名业余摄影师，甘博的摄影作品无论从构图上，还是在光线的应用上，都不逊于专业摄影师。二是德国女摄影师赫达·莫理循，她的摄影风格比较平实，黑白镜头中的颐和园展现了一种平淡破败之美。除关注颐和园与玉泉山之间的景观外，赫达还有一些后山俯拍照片，展现了园外北部区域的村镇和景观。

颐和园拥有得天独厚的自然山水景观，风景摄影一直是摄影的主要题材，为了满足时人赏景留念、馈赠的需求，风景照片、风景明信片风行起来。其中彩色明信片采用手工上色或套色制版印刷的方式，在黑白照片的基底上加入绚丽多彩的颜色，画面更为形象生动。这些风光照片既有以颐和园为专题的特辑，也有北京地区风景名胜全集，均选取园内的主要建筑和独特景观，有些还配有简要文字说明。

20世纪30年代后，电影技术日新月异，有声电影、彩色影片等制作方式逐渐成熟[⑩]，电影走入大众的生活。颐和园因其皇家御园的身份和优美的自然风光成为众多电影的拍摄外景地，民国档案中能看到日伪时期园内拍摄电影的记载，如民国二十八年（1939），新民会映画班入园拍摄万寿山风景片；民国三十三年（1944），华北电影公司制作组摄制电影借用颐和园西部区域[⑪]。华北电影公司1939年11月成立于北京，前身为1938年2月在北平成立的株式会社满洲映画协会的分支机构——新民映画协会，是为日本帝国主义侵略政策服务、奴化中国人民的文化机构。这一时期的电影受社会现实形势和制作机构的影响，展现的内容带有明显的政治倾向。

民国时期，飞机的发明应用开启了近代航拍的历程，实现了续航时间更长、图像更稳定的高空摄影。由于飞机和飞行员的稀缺和特殊性，航拍照片主要出自军队和民航系统，目的有商业、兴趣爱好、侦察、测绘、收集情报等。颐和园航拍照

图六 颐和园航拍图 （佚名 20世纪30年代）

片的画面尺度宽广，场面宏大，突破了普通拍摄视野的局限（图六），能更好地展示园林独特的山水环境及其周边的山形水系、村镇阡陌，具有较高的欣赏价值。

四、颐和园老照片的价值

清末民国时期，颐和园经历了劫掠、重修，园林功能、园林风格、建筑形制乃至陈设布置都发生了重大变化。拍摄于这一时期的老照片，蕴含的信息非常丰富，忠实记载了特定阶段的园林风貌，既反映了园林的重大变迁，也折射出时代的发展，是非常珍贵的历史资料。

（一）照片自身价值

首先，颐和园老照片中不乏著名摄影师的经典之作，更是新兴技术和设备的较早应用之地，无论从照片的艺术性、技术性乃至独特性方面来说都具有收藏和鉴赏价值。

其次，颐和园一直备受摄影师的青睐，处于摄影的前沿。可谓是北京摄影史的缩影和典型范例，更是研究北京地区摄影史的重要资料。

再次，颐和园老照片也是中国近代摄影史的一部分，对其进行系统整理和研究能积极推动摄影科学技术史、照相馆史和中外摄影文化交流史的研究。

最后，颐和园老照片的发展脉络始终与时局紧密相关，它见证了清王朝的由盛及衰和中国近代史的屈辱，具有重要的历史价值。

（二）照片信息价值

照片信息具有重要性、独特性、时效性，是决定照片价值最重要、最本质的因素，这是因为人们对照片最普遍、最大量的需要来自照片所记载的事实、现象、数据等。颐和园老照片中包含了山形水系、建筑、陈设、植物、人物等诸多元素，通过对这些信息进行考证，既为今人了解颐和园历史时期状况提供了重要凭证，也为现今的文化遗产保护与研究工作提供了参考和指导。

1. 古建研究与保护

一是老照片弥补了档案信息不完整和相关档案缺失的不足，为区分不同时期的建筑提供了直接判断依据。通过园林重修前的不同角度老照片，能进一步明确清漪园被毁后的建筑景观遗存情况。如托马斯·查尔德拍摄于1877年的照片中，能清晰地看到万寿山后山幸存的清可轩的留云殿和钟亭、云会寺、善现寺等处建筑（图

图七 被毁后的万寿山后山（托马斯·查尔德 1877年）

七）。

二是针对已消失或形制发生重大变化的建筑，通过对比不同时期的老照片，能直观展现建筑原有面貌，还原建筑变化过程，为建筑历史考证和复原设计提供依据。如通过对比文昌阁、昙花阁、大报恩延寿寺等处重建前后的照片，能清晰看到不同时期的建筑风格和布局；通过拍摄于园林重修前的一组治镜阁老照片，能摸清建筑原有形制和遗址不断破败变化的情况。

三是借助于老照片中展现的建筑特征和细节，如屋顶形制、建筑彩画等确定建筑基本形式和风格，为古建修缮提供参考资料。以"探海灯杆"为例，清时，柱体贴金祥云纹饰，但民国初年囿于财力，修缮时去除了金色祥云，只通体油饰绿色。通过对相关老照片中信息的提取，为现今的灯杆修缮提供参考和借鉴。

2. 文物研究与保护

一是通过老照片对比，能直观、清晰地了解文物在劫难中的损益和后期调配情况，为调入文物提供来源线索，有助于完善文物档案。如大报恩延寿寺山门前原陈列一对石狮，园林重修后改为铜狮，通过相关老照片对比，初步推测铜狮从畅春园调入。在不同时期的老照片中能发现大报恩延寿寺前的石狻猊、经幢等在劫难中幸存，园林重修时将石狻猊、经幢挪至后山

图八 人力车（民国时期 佚名）

图九 万寿山前山西部
（菲尔曼·拉里贝 1900—1910年）

须弥灵境处。

二是对老照片中展现的各类文物信息进行提取和整理，为已毁坏或残损文物的复原、修复提供依据。如清代园内藏现代汽车一辆、人力车两辆，民国时期这三辆车曾公开展览，留下了大量的影像资料（图八）。影像中展现的车辆外观和构件的细节，为确定文物基本构造和文物修护工作提供了依据。

三是老照片中展现的室内外陈设物品种类、位置、陈列方式及内檐装饰情形，为现今的陈设布置提供了形象的参考资料。民国时期颐和园室内外陈列物品种类、内外檐装修变动较大。以排云殿为例，在拍摄时间介于清末和民国中晚期的老照片中，殿堂明间悬挂的吊灯、贴落、地平床上的屏风、宝座、桌案、摆件等陈设均不同。

3. 植物配置与养护

一是通过老照片对比，能了解历史时期的园林植物配置基调、景观格局及变化情况。在清末的老照片中，能看到光绪时期沿用了清漪园的树木规划，对万寿山植物进行补植和养植，前山的植被情况得到一定程度的改善。同时由于帝后长期驻跸，更加注重庭院植物的配置和名贵花木

图一〇 慈禧太后等在排云门前合影（裕勋龄 1903年）

摄影术的发明是人类社会的一个伟大进步，老照片作为重要的影像资料，是今人了解历史时期政治、经济、社会风貌的一个重要依据。清末民国时期颐和园及周边一直处于动态的变化过程中，园林面貌发生重大变迁，而老照片强烈的纪实性使其成为文献资料的重要补充和佐证，对颐和园老照片进行系统整理和研究，有助于更加全面、准确地了解历史时期的园林状况，也为现今的园林文化遗产保护与研究工作提供参考和借鉴。

的养护。

二是老照片中展现了局部区域植物与景观的协调关系、植物与园林建筑的依存关系，有助于指导现代园林植物的养护管理。万寿山前山植物主要以低矮灌木为主，松柏类乔木非常稀少，甚至很多区域土石裸露，尤其是山脊线两侧，使得山上建筑大都不被树木遮挡，清晰可见，植被与建筑景观相得益彰（图九）。

三是老照片中展现的园林植物配置风格和意境，为恢复和提升园林景观提供参考和借鉴。清末民国时期园内树木花卉变化较大，有些区域的园林植物景观和意境发生变化，整理历史时期的植物变迁，有助于更好地进行植物调整。

4. 清宫生活礼仪

在人物系列摄影中，既有展示以慈禧太后为中心的皇室贵胄及外国公使女眷为主的宫廷摄影，也有侍从仆役等底层服务人员的生活、工作照片。这些照片展现了不同身份群体的服饰、装扮特征，具有强烈的时代特色。以慈禧太后照片为例，其照片包括单人像、生活像、外事像三类，展现了慈禧起居、出行仪驾、游赏、外事活动等不同场合的情形（图一〇），包含丰富的宫廷生活礼仪等方面的信息，为清宫服饰、礼仪和庆典研究提供了影像素材。

① 程龙：《西洋影像中的"三山五园"》，首都师范大学出版社，2018年，第79页。

② 中国国家图书馆、大英图书馆：《1860—1930：英国藏中国历史照片》，国家图书馆出版社，2008年，第7页。

③ （英）泰瑞·贝内特：《摄影史：西方摄影师（1861—1879）》，中国摄影出版社，2013年，第33页。

④ 程龙：《西洋影像中的"三山五园"》，首都师范大学出版社，2018年，第112页。

⑤ 韩丛耀、赵迎新：《中国影像史（第二卷）》，中国摄影出版社，2015年，第295页。

⑥ （英）泰瑞·贝内特：《中国摄影史：中国摄影师（1844—1879）》，中国摄影出版社，2014年，第78页。

⑦ 韩丛耀、赵迎新：《中国影像史（第三卷）》，中国摄影出版社，2015年，第22页。

⑧ 韩丛耀、赵迎新：《中国影像史（第三卷）》，中国摄影出版社，2015年，第244页。

⑨ 韩丛耀、赵迎新：《中国影像史（第三卷）》，中国摄影出版社，2015年，第183页。

⑩ 北京市档案馆馆藏档案：《关于华北电影公司在颐和园拍摄影片给颐和园事务所的训令》，档号：J021-001-01208。

（作者单位：北京市颐和园管理处）

北京延庆大榆树西晋墓发掘简报

北京市文物研究所

2018年5月5日，北京市文物研究所接到通报，在延庆区大榆树村村东（图一），当地村民在挖树坑时发现一座古代墓葬（M1）。市文研所当日即安排人员到现场进行抢救性考古发掘，并于7日结束清理工作。这座墓虽经盗扰，但仍出土了一些时代特征明显的遗物。现将这座墓的发掘情况简报如下。

一、墓葬形制

M1位于大榆树村东边的一片林地中，为前后双室砖券墓，平面近似长方形，墓圹长1—2.85米，宽1.2—2.5米，墓口距地表1米，墓底距地表5.1米，内填花土，土质较松，内填碎墓砖等。该墓由墓道、墓门、甬道、前室、过道、后室等组成，方向180°（图二）。

墓道位于墓室的南侧，平面呈梯形，为长方形斜坡墓道，墓道上口长6.6米，宽1.2—1.45米，最深5.1米，底坡长7.5米。墓门位于墓道的北侧，高1.4米，宽0.8米，用长方形砖平铺错缝叠砌而成，砖单面饰绳纹，长30厘米、宽16厘米、厚6厘米。

甬道位于墓道与前室之间，平面呈长方形，长1米，宽0.8米，

高1.4米，两壁以长方形砖错缝垒砌，顶部为券顶。砖的大小和墓门用砖相同。

前室位于墓门的北侧，平面近方形，长1.9米，宽1.8米，前室底部距顶部2.4米，墓室壁以平砖错缝垒砌，顶部为穹窿顶，采用"二平一匝"方法垒砌，铺地砖为错缝平铺，砖的大小和墓门用砖相同。前室内淤土厚约0.5米，淤土中见有随葬器物。

过道位于前室北侧，南接前室，北接后室，平面呈长方形，长1米，宽0.8米，高1.4米，两壁以长方形砖错缝叠砌，顶部为双通券顶。砖的大小和墓门用砖相同。

后室位于过道北侧，平面呈梯形，长3米，宽1.5—1.7米，墓室壁以错缝垒砌，四壁平直，铺地砖为错缝平铺，后室底部距顶部2.4米，顶部为穹窿顶，采

图一　北京延庆大榆树墓葬位置示意图

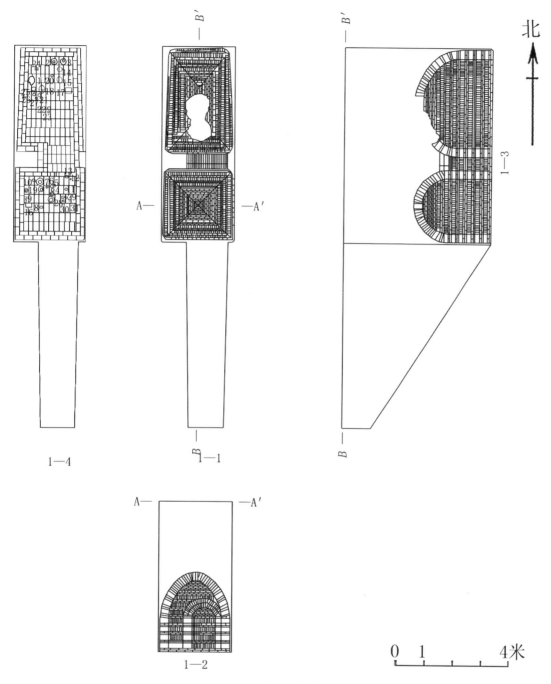

北

0 1   4米

图二 M1平、剖面图
1、3、18、19、20、21、25.陶罐 2.陶壶 4、5、28、29.陶碗 23、24.陶盆 14、15.釉陶耳杯 16.釉陶橧 17.陶灶 13.陶厕 22.陶仓 9.釉陶扁壶 6.釉陶灯 8.釉陶三足樽 10.釉陶奁 11.釉陶盘 26.陶井 27.陶甑 12.釉陶鸭形勺 7.釉陶勺 30.铜钱

用"二平一匝"方法垒砌。后室顶部有长1.5米、宽0.8米的盗洞，导致后室内也有大量淤土，厚约1米。因被盗扰，不见葬具及人骨，葬式不详，随葬品放置散乱。

随葬品放置于前室和后室中，有陶罐、壶、碗、盆、灶，釉陶奁、勺、三足樽、盘、灯、橧、耳杯，铜钱等。

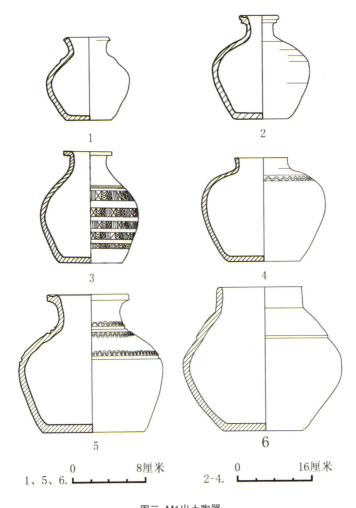

图三 M1出土陶器
1、3—6.陶罐（M1:3、M1:1、M1:21、M1:25、M1：18）2.陶壶（M1:2）

0   8厘米
1、5、6.

0   16厘米
2-4.

周凹弦纹，其下饰竖向、交叉、"V"形、网格等复合型纹饰五周。口径11.1厘米、最大腹径21.6厘米、底径13.6厘米、高24厘米（图三，3；照片一）。Ⅱ式1件（M1:3）。泥质灰陶。敞口，尖圆唇，矮颈，溜肩，圆弧腹，平底。素面。口径10厘米、最大腹径18.4厘米、底径14厘米、高17.8厘米（图三，1）。Ⅲ式1件（M1:25）。泥质灰陶。盘口，方圆唇，口沿内凹，束颈，溜肩，弧腹，平底。颈部两周波浪纹中间饰凹弦纹两周，腹上部一周波浪纹下饰凹弦纹一周。口径9.3厘米、最大腹径16.6厘米、底径11.6厘米、高15.2厘米（图三，5）。

B型2件，分为二式。Ⅰ式1件（M1:21）。泥质灰陶。直口，方圆唇，圆肩，弧腹，平底。肩部两道凹弦纹中间饰双道波浪纹。口径12厘米、最大腹径28.2厘米、底径16厘米、高23厘米（图三，4）。Ⅱ式1件（M1:18）。泥质灰陶。直口，圆唇，溜肩，鼓腹，平底。肩部有一折棱。口径9.5厘米、最大腹径18厘米、底径9.1厘米、高14.8厘米（图三，6；照片二）。

C型2件，分为二式。Ⅰ式1件（M1:19）。泥质灰陶。直口，方圆唇，折肩，斜直腹，平底。素面。口径10.3厘米、最大腹径13.4厘米、底径11.8厘米、高15.2厘米（图六，4）。Ⅱ式1件（M1:20）。泥质红陶。直口，尖圆唇，折肩，斜直腹，近底部微内曲，平底。素面。口径10.8厘米、肩径12.3厘米、底径12.3厘米、高13.4厘米（图六，2；照片

二、随葬器物

此墓共出土随葬器物31件，主要有陶器、釉陶器和铜钱等。

（一）陶器

共19件。大部分为泥质灰陶，个别是红陶。制法为轮制。可分为生活用具和模型明器。

1.生活用具14件，有陶罐、壶、碗、盆等。

罐 7件。共分为三型。

A型3件，分为三式。Ⅰ式1件（M1:1）。泥质灰陶。侈口，方唇，平沿，束颈，溜肩，弧腹，平底。肩部饰两

三）。

壶　1件（M1:2）。泥质灰陶。盘口，圆唇，口沿内凹，束颈，溜肩，圆弧腹，下腹斜收，平底。颈下部饰凸弦纹一周，腹下部轮痕明显。口径8.8厘米、最大腹径20.8厘米、底径12.8厘米、高22.4厘米（图三，2；照片四）。

碗　4件（M1:28、M1:29、M1:5、M1:4），形制相同。标本M1:4，泥质灰陶。圆唇，口微敛，弧腹，平底，内壁底凹，素面。口径8.6厘米、底径5.2厘米、通高3.2厘米（图四，4；照片五）。

盆2件。分为二式。I式1件（M1:23）。泥质灰陶。尖唇，敞口，平沿，折腹，平底。素面。口径11厘米、底径4厘米、通高4厘米（图四，5）。II式1件（M1:24）。泥质灰陶。圆唇，敞口，口沿内凹。微弧腹，平底微凹。腹部饰三周凹弦纹，内壁底部凹陷，饰凸弦纹两周。口径21.4厘米、底径11.6厘米、通高7.8厘米（图四，6；照片六）。

2. 模型明器5件，有陶厕、灶、仓、井、甑。

厕　1件（M1:13）。泥质红陶，陶质疏松。平面呈长方形。厕门呈正方形，内右侧有一横向长条形挡柱，门右面向内弯曲，长3.6厘米、宽2.6厘米，右侧为厕门，厕门长1.8厘米。厕圈通长14厘米、最大宽12.4厘米、通

高6厘米（图五，2）。

灶　1件（M1:17）。泥质红陶。灶体平面呈长方形。左侧面直壁，右侧壁微斜，灶面设三个连体灶口，呈倒"品"字

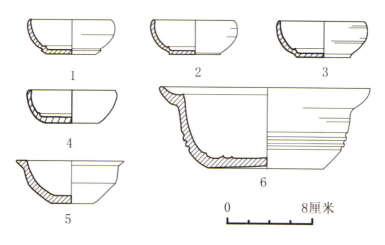

图四　M1出土陶器

1—4.陶碗（M1:28、M1:29、M1:4、M1:5）　5、6.陶盆（M1:23、M1:24）

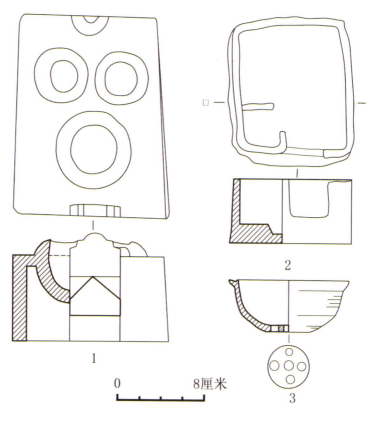

图五　M1出土陶器

1.陶灶（M1：17）2.陶厕（M1:13）3.陶甑（M1：27）

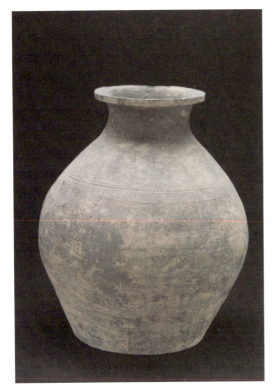

照片一 陶罐（M1:1）

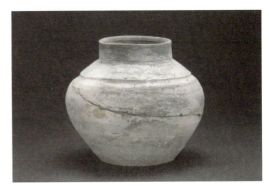

照片二 直口陶罐（M1:18）

照片四 陶壶（M1:2）

照片三 陶罐（M1:20）

照片五 陶碗（M1:4）

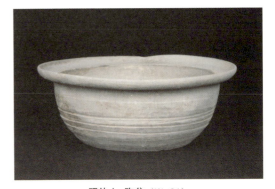

照片六 陶盆（M1:24）

照片七 陶灶（M1：17）

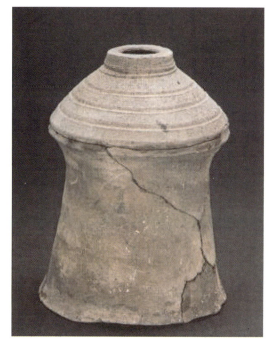

照片八 陶仓（M1：22）

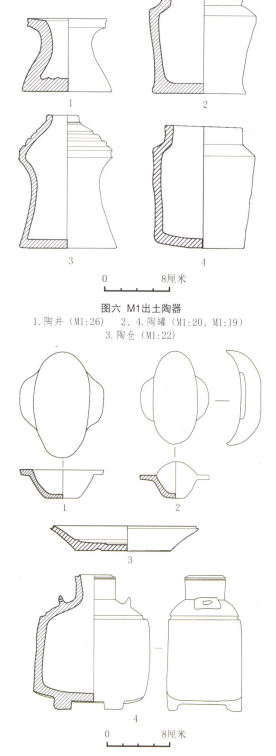

图六 M1出土陶器
1.陶井（M1：26） 2、4.陶罐（M1：20、M1：19）
3.陶仓（M1：22）

图七 M1出土釉陶器
1、2.釉陶耳杯（M1：14、M1：15） 3.釉陶盘（M1：11）
4.釉陶扁壶（M1：9）

形分布，每个灶口下置小陶釜一个，灶口与釜面相连，釜面突出，三陶釜大小不等，均尖唇、弧腹、圜底，釜口径2.8—3.7厘米，深3.7—5.1厘米。灶台前脸有三角形灶门一个，灶门面宽4.6厘米、高3.6厘米。上面有一阶梯形挡风板，长4.4厘米、高2厘米、厚1.2厘米。灶后壁有一圆凸形烟囱，宽2.6厘米、厚2厘米、高2厘米。灶通长18.6厘米、宽12.7—12.9厘米、通高9.8厘米（图五，1；照片七）。

仓 1件（M1：22）。泥质灰陶。方圆唇，直口，矮颈，折肩，腹下内曲，平

照片九 釉陶三足樽（M1:8）

照片一二 釉陶耳杯（M1:15）

照片一〇 釉陶奁（M1:10）

照片一三 釉陶鸭形勺（M1：12）

照片一一 釉陶灯（M1:6）

照片一四 釉陶扁壶（M1:9）

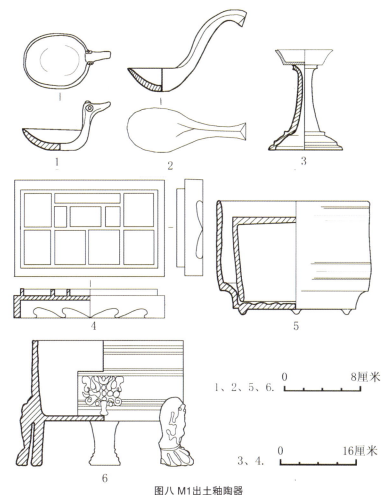

图八 M1出土釉陶器
1.釉陶鸭形勺（M1:12） 2.釉陶勺（M1:7） 3.釉陶灯（M1:6） 4.釉陶榀（M1:16）
5.釉陶奁（M1:10） 6.釉陶三足樽（M1:8）

轮制或模制。可分为生活用具和模型明器。

1.生活用具9件，有盘、三足樽、奁、灯、耳杯、勺、扁壶。

釉陶盘 1件（M1:11）。器身施酱黄色釉。尖圆唇，唇部内凹，敞口，斜直腹微内凹，平底。底部中间饰凹槽一周。素面。口径18.8厘米、底径13厘米、通高3.1厘米（图七，3）。

釉陶三足樽 1件（M1:8）。器身施酱黄色釉。方唇，唇部饰凹槽一周，直口，直腹，平底，底部饰兽形三足，呈"品"字形分布，内空。器表饰凹弦纹六周，腹部饰三个对称兽形铺首，三足分别饰似壁虎形图案。口径16.4厘米、底径16.2厘米、通高13.2厘米、足孔径0.6厘米、足孔进深2.8厘米（图八，6；照片九）。

釉陶奁 1件（M1:10）。器身施酱黄色釉。器盖完全被器身套在内部，器盖为圆唇，筒腹，斜直壁，平底。素面。盖口径17.4厘米、高12.2厘米，器身口径13

底。肩部饰凹弦纹四周。口径4.2厘米、肩径12厘米、底径12.6厘米、通高16.4厘米（图六，3；照片八）。

井 1件（M1:26）。泥质红陶。圆形井盘，方唇，平沿，腹上部内曲，平底。素面。口径10.2厘米、底径11.6厘米、通高9.2厘米（图六，1）。

甑 1件（M1:27）。泥质灰陶。尖圆唇，敞口，口沿中部饰凹槽一周，弧腹，下腹斜收，平底。底部有五个大小不等的圆形钻孔。口径11.8厘米、底径4.4厘米、通高4.8厘米、孔径0.5—0.9厘米（图五，3）。

（二）釉陶器

共10件。均为酱黄色釉红胎。制法为

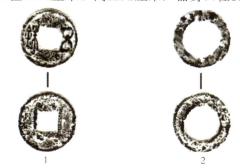

图九 M1出土铜钱
1.五铢（M1:30—1） 2.纵环五铢（M1:30—2）

厘米、底径14.8厘米、高9厘米，器底为圆唇、筒腹、斜直壁、近底部内曲，底部有三乳钉钮。奁通高12.2厘米（图八，5；照片一〇）。

釉陶灯　1件（M1：6）。器身施酱黄色釉。豆形灯盘，敞口，唇部饰凹槽一周，斜直腹微内曲，盘底平，高柄，柄部中空，喇叭形圈足。口径12.8厘米、圈足径16.8厘米、高21.2厘米（图八，3；照片一一）。

釉陶耳杯　2件。分为二式。Ⅰ式1件（M1：14）。器身施酱黄色釉。整体呈椭圆形，长轴为尖唇，敞口，弧腹，平底。口沿两侧有弧形耳，耳方唇。口径7.6—13.6厘米、底径3.8—6.7厘米、通高3.7厘米（图七，1）。Ⅱ式1件（M1：15）。器身施酱黄色釉。整体呈椭圆形，长轴两端呈弧形翘起，尖唇，敞口，弧腹，平底。口沿两侧有弧形耳，耳方唇。口径6.1—12.1厘米、底径3.1厘米、通高4.8厘米（图七，2；照片一二）。

釉陶勺　2件。分为二式。Ⅰ式1件（M1：12）。器身施酱黄色釉。勺头呈椭圆形，尖圆唇，敞口，平底，一侧有柄上翘，柄部呈鸭头形，鸭眼清晰可见，嘴部微翘。口径6—7厘米、勺高2.2厘米、通长9.5厘米、通高5.2厘米（图八，1；照片一三）。Ⅱ式1件（M1：7）。器身施酱黄色釉。勺头呈椭圆形，尖圆唇，敞口，平底，一侧有柄上翘弯曲。素面。通长13厘米、勺径4.4—5.4厘米、通高5.2厘米（图八，2）。

釉陶扁壶　1件（M1：9）。器身施酱黄色釉。口圆形，近直口，溜肩，近直腹，长方形平底，底部有四个扁体长方形足。唇部有一凹槽，唇下有两周细线凹弦纹，两肩上分别有一对称长条形双耳，耳部中间有一椭圆形钻孔，肩部饰凹槽一周。口径5.1厘米、最大腹径9.5—15.6厘米、足径1.5—2.5厘米、通高17.4厘米、耳长1.2厘米、耳孔径0.2—0.6厘米（图七，4；照片一四）。

照片一五　釉陶榼（M1：16）

2. 模型明器1件。

釉陶榼　1件（M1：16）。泥质红陶，模制。器身施酱黄色釉，釉面均匀而且有光泽。器身呈长方形，内有大小长方形格子十个，高圈足，圈足上镂空，长轴两侧有4个、短轴有2个对称弧形装饰。长34厘米、宽21厘米、通高6厘米（图八，4；照片一五）。

（三）铜钱

共2枚。面文均为五铢。

五铢钱　1枚（M1：30—1）。直径2.6厘米、穿径1厘米、厚0.2厘米（图九，1）。

綖环五铢　1枚（M1：30—2）。直径2.6厘米、穿径1.7厘米、厚0.2厘米（图九，2）。

三、结语

北京地区魏晋时期墓葬发现较少，其中西晋墓葬发现最多，目前共有10余处，西晋早期的有房山区小十三里村西晋墓、顺义大营村西晋墓群和延庆世园会西晋墓群；西晋晚期的有景王坟西晋墓、华芳墓、老山南坡西晋墓、八角村魏晋壁画墓、鹿圈村西晋墓、大兴四海庄魏晋墓和密云大唐庄西晋墓等[①]。

此次发掘的M1为前后双室砖券顶墓，墓顶分两式，平面接近正方形的前室起"四面结顶"，长方形后室砌成两面坡"人"字形顶。该墓形制结构与顺义大营村西晋墓M2[②]、延庆世园会西晋墓M786和M271[③]类似，是西晋以后才出现的[④]。从出土随葬器物看，陶器类型有罐、壶、碗、盆、甑、灶、仓、厕，釉陶奁、勺、三足樽、灯、盘、扁壶、槅、耳杯。其中直口罐（M1:18）与河南洛阳市关林路西晋墓（M3737:50）形制相同[⑤]，陶罐（M1:25）与大营村西晋墓（M8:6）形制相似[⑥]，陶罐（M1:21）与大营村西晋墓（M5:12）相似[⑦]，陶罐（M1:19）与景王坟西晋墓出土器物形制相似[⑧]，陶碗（M1:4、5、28、29）与河南洛阳市关林路西晋墓（M3737:3）相同或相似[⑨]，陶灶（M1:17）形制与亦庄博兴路（M2:20）相同[⑩]。釉陶奁（M1:10）、勺（M1:7）、盘（M1:11）、扁壶（M1:9）、耳杯（M1:14）与河北邢台西晋墓M8出土器物形制相同或相似[⑪]，釉陶灯（M1:6）与河南洛阳市关林路西晋墓（M3737:57）B型灯形制相似[⑫]，釉陶耳杯（M1:15）与洛阳涧西南村西晋墓（M267:28）形制相同[⑬]，釉陶槅（M1:16）、樽（M1:8）、鸭形勺（M1:12）与海淀区玉渊潭八里庄曹魏墓[⑭]、房山区小十三里村西晋墓[⑮]和景王坟西晋墓[⑯]出土器物形制相同或相似。综上所述，出土器物中具有釉陶槅、扁壶、鸭形勺等北京地区西晋墓出现的器物组合，已经与汉墓存在明显差异性，因此该墓的年代定为西晋时期。

发掘：孙峥、丁利娜

修复、绘图：刘凤英

摄影：王殿平

执笔：孙峥、丁利娜、戢征

①⑭ 北京市文物研究所：《北京考古史·魏晋南北朝隋唐卷》，上海古籍出版社，2012年。

②⑥⑦ 北京市文物工作队：《北京市顺义县大营村西晋墓葬发掘简报》，《文物》1983年第10期。

③ 北京市文物研究所2017年延庆世园会发掘资料。

④ 张小舟：《北方地区魏晋十六国墓葬的分区与分期》，《考古学报》1987年第1期。

⑤⑨⑫ 洛阳市文物考古研究院：《河南洛阳市关林路南西晋墓》，《考古》2015年第9期。

⑧⑯ 北京市文物工作队：《北京西郊发现两座西晋墓》，《考古》1964年第4期。

⑩ 北京市文物研究所：《北京考古史·汉代卷》，上海古籍出版社，2012年。

⑪ 李军、李恩玮：《河北邢台西晋墓发掘简报》，《文物》2006年第1期。

⑬ 西南民族大学民族研究院、洛阳市文物考古研究院：《洛阳涧西南村西晋墓》，《文物》2012年第12期。

⑮ 朱志刚：《房山区小十三里村西晋墓》，《北京考古信息》1991年第1期。

石景山首钢园区东南区唐代墓葬发掘简报

北京市文物研究所

石景山首钢园区东南区1612-820地块位于北京市石景山区，北邻石景山路，西邻古城南街，东邻景阳大街，南邻莲石西路（图一）。2018年6月，为配合首钢园区土地一级开发项目，北京市文物研究所对该地块进行了考古勘探，在地块东南发现一座唐代墓葬（编号M1），随之对其进行了考古发掘。

一、墓葬形制

该墓地理坐标为东经116°10′597″，北纬39°54′132″，墓口距地表1.5米，墓底距地表3.3米。南北向，方向195°。该墓平面呈"甲"字形，为圆形单室带墓道砖室墓，南北总长9米，东西宽1.1—4.35米。由墓道、墓门、甬道和墓室四部分组

图一 位置示意图

成（图二，照片一）。

墓道，位于墓葬最南端，北侧与墓门相接。平面呈梯形，竖穴土圹式，内填花土，土质较松散。填土中含残青灰砖块。上口南北长4.1米，宽1.1—1.56米。东西壁面较规整，底部为斜坡状。坡长4.1米，深1.8米。

墓门，位于墓道北端，北侧与甬道相接。墓门上端拱券已坍塌。其宽1米，残高1.5米。两侧用加工过的青砖做装饰，分别有纵、横两列青砖平砌而成，中间有立砖间隔，做出类似门框的形制，砖壁上有抹白灰痕迹。墓门下部残留三层封门砖，"人"字形砌筑，高约0.5米。墓门用砖规格为37×18×6厘米。

甬道，位于墓门北端，北侧与墓室相接。上端券顶已坍塌，东西两壁均采用37×18×6厘米青砖上下叠压错缝砌筑。甬道长1.1米，残高1.46米。在甬道中部发现陶罐2件。

墓室，位于甬道北侧，平面呈圆形，直径4.1米。墓室上顶已坍塌，墓室内设半圆形棺床，棺床上铺砖破坏较严重，仅东北角残存少许。棺床南侧可见有七层青砖平砌的床沿，床沿西侧有亚腰形青砖砌成的壶门。棺床南侧的墓室底部铺砖保存较好，一层绳纹青砖平砌而成。在棺床南侧西北角发现陶罐2件、三彩罐1件。棺床南侧中部发现一具东西向散乱放置的人骨架，仰

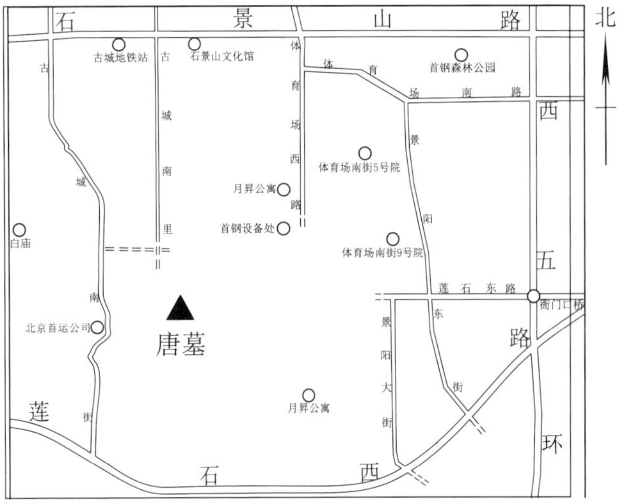

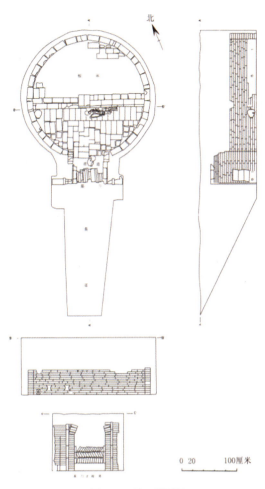

图二 M1平、剖面图

弧腹，下腹斜收，平底。腹部饰数周不太明显的凹弦纹。M1:2，口径9.6厘米、最大腹径18厘米、底径8.1厘米、高20.2厘米；M1:3，口径9.9厘米、最大腹径17.6厘米、底径8.2厘米、高18.6厘米；M1:4，口径9.6厘米、最大腹径18.8厘

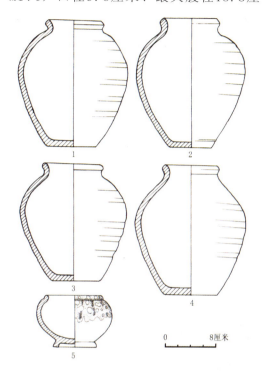

图三 M1出土陶器
1-4.陶罐（M1:2、M1:3、M1:4、M1:5）
5.三彩罐（M1:1）

身直肢葬，周边未见棺痕。墓室周边墓壁残留高度0.84米。墓室用砖有38×18×6厘米、37×16×6厘米两种规格。

二、随葬器物

该墓共出土随葬品5件，其中三彩罐1件、陶罐4件，分别介绍如下。

三彩罐 1件。M1:1，敛口，圆唇，弧腹，矮圈足。腹上部至口部施绿、黄、白三彩釉，内壁施乳白色釉，腹下部及足部未施釉，乳白色胎，胎质较细腻。口径9.6厘米、最大腹径12.4厘米、足径7.5厘米、高8.2厘米（图三，5；照片二）。

陶罐 4件。泥质灰陶，轮制。形制基本相同，侈口，尖圆唇，矮领，溜肩，

图四 M1出土墓砖拓片
1-3.绳纹砖（M1:7、M1:9、M1:8）4.亚腰砖（M1:6）

照片一　M1全景

米、底径7.1厘米、高20.6厘米；M1:5，
口径9.4厘米、最大腹径18.4厘米、底径
9.2厘米、高20.6厘米（图三，1—4；照
片三—照片六）。

　　墓砖　4件。M1:6，模制，泥质红陶。
亚腰形，正面饰横向细绳纹。背面素面。
长17厘米、宽9.2—14.8厘米、厚6厘米
（图四，4）。M1:7，中部残断。模制，

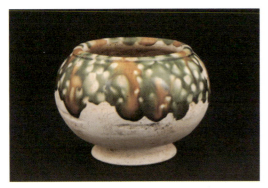

照片二　三彩罐　（M1:1）

照片三　陶罐　（M1:2）

照片四　陶罐　（M1:3）

照片五　陶罐　（M1:4）

照片六　陶罐　（M1:5）

泥质灰陶。长方形，正面饰纵向细绳纹，
背面素面。长34.5厘米、宽16.8厘米、厚
6厘米（图四，1）。M1:8，模制，泥质灰
陶。长方形，正面饰纵向细绳纹，背面素
面。长33.8厘米、宽16.6厘米、厚6厘米
（图四，3）。M1:9，中部多处断开。模
制，泥质灰陶。长方形，正面饰纵向细
绳纹，背面素面。长35.6厘米、宽17.8厘
米、厚6厘米（图四，2）。

三、结语

墓葬中没有发现铜钱和有明确纪年的出土器物，其年代只能根据墓葬形制和出土器物特征推断。墓葬形制和所出陶罐与北京市亦庄经济开发区79号地M13、80号地M25[①]，北京亦庄开发区X10号地M3[②]及北京市海淀区二里沟发现的唐乾符五年（878）茹弘庆墓[③]等大致相同。该墓形制亦具有北京地区唐墓的特色，有学者认为圆形砖室墓出现于盛唐，流行于中晚唐[④]。同时该墓所出三彩罐器型在以往北京地区出土的同类器型中未有发现，与1958年洛阳关林32号墓出土的三彩宽条纹罐器型相近[⑤]，但大小要小一些。根据以往学者对唐三彩分期来看，中晚唐时期的三彩器多见小型者，施釉单薄，并往往出现脱釉现象[⑥]。此次所出三彩罐不论从器型、釉色都已经呈现出衰退现象，应属晚唐时期。因此，通过对墓葬形制和出土器物分析推断，该墓年代应为晚唐时期。

该墓的发掘，为研究北京地区唐代墓葬的形制和结构提供了重要证据，为今后研究唐代的社会形态及丧葬习俗提供了珍贵的实物资料。

发掘：丁利娜、孙峥
修复、绘图：刘凤英
摄影：丁利娜、王殿平
执笔：丁利娜、孙峥、王宇新

---

① 北京市文物研究所：《北京亦庄考古发掘报告》，科学出版社，2009年。

② 北京市文物研究所：《北京亦庄X10号地》，科学出版社，2010年。

③ 洪欣：《北京近年来发现的几座唐墓》，《文物》1990年第12期。

④ 张晓辉：《北京地区隋唐墓葬的分区与分期》，吉林大学2003年硕士毕业论文。

⑤ 洛阳博物馆：《洛阳唐三彩》，文物出版社，1980年。

⑥ 范文娟：《唐三彩的起源和分期》，《中共郑州市委党校学报》2010年第2期。

北京大兴狼垡地区唐代墓葬
发掘简报

北京市文物研究所

2018年1月，为配合北京市大兴区黄村镇狼垡地区农村集体经营性建设用地入市试点项目的顺利进行，北京市文物研究所在先期考古调查、勘探的基础上，对该项目占地范围内的古代墓葬进行了抢救性发掘。共清理唐代墓葬3座、清代墓葬2座，现将此次发掘的唐代墓葬简报如下。

一、地理位置与发掘概况

大兴区黄村镇狼垡地区农村集体经营性建设用地入市试点项目位于大兴区黄村镇狼垡村南，北邻五环路，西邻狼垡东路，南邻碱河，东邻丰园路（图一）。该项目西距永定河约4公里，属于永定河冲击地带，淤沙堆积较厚。在该项目东侧大

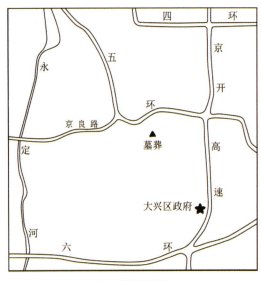

图一 墓葬位置图

兴新城北区的考古工作中，曾多次发掘唐代墓葬。本次所发掘的墓葬位于该项目的东北部，均位于沙层自然堆积之下。

二、墓葬的形制与出土器物

本次发掘的唐代墓葬共3座，编号为M1、M2、M3，墓向相同且近"品"字形排列，M3位于北侧，M1和M2分别位于M3的西南和东南，各距M3约15米。

M1位于发掘区的西南部，方向177°，平面呈"凸"字形，墓口距地表2.4米。土圹南北总长6.68米，东西宽0.8—3.4米，墓口距墓底1.7米。由墓道、墓门、墓室组成（图二，照片一）。

墓道，平面呈长方形斜坡状，南北长2.96米，东西宽0.8米，深0.2—1.7米。墓道南端设有二步台阶，台阶长0.8米，宽0.35米，高0.2米。墓道两壁竖直。

墓门，位于墓室南壁正中，借助南壁靠近门洞两侧加砌青砖作为墓门。底部内外两层整砖平砌八层，与墓室南壁相连，上部为两平一侧砌筑。门洞平面呈长方形，东西宽0.8米，进深0.46米。门洞内残存丁砖三层。

墓室，平面近方形，四壁略有弧度，墓室顶部及上半部已破坏无存，南北长2.75米，东西宽2.64米，残高0.9米，四周下部采用青砖错缝平砌八层，上部为两平一立砌筑，平砖为单层，立砖为半砖。墓室底部未铺砖。棺床位于墓室北

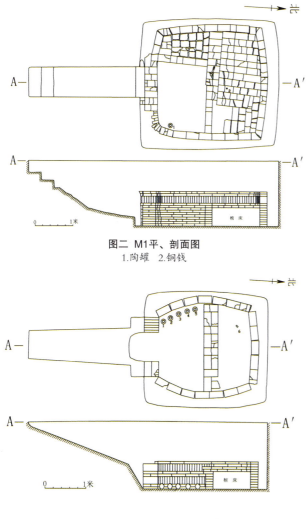

图二 M1平、剖面图
1.陶罐 2.铜钱

图三 M2平、剖面图
1—5.陶罐 6.铜钗

部，平面近长方形，东西长2.6米，南北长1.3米，高0.54米。棺床外侧采用东西向单砖错缝平砌，共八层。棺床上部南北向单砖平铺，最外侧整砖覆盖于棺床外沿之上，内侧有部分区域为半砖。棺床东南侧残破，棺床上未发现墓主人尸骨。器物台位于墓室西南部，南北长1.4米，东西宽0.9米，外沿采用南北向单砖错缝平砌，共五层，内侧半砖东西向平铺，且与外沿齐平。

该墓出土1件陶罐、4枚铜钱。

陶罐，1件，M1:1，灰陶质，侈口，圆唇外翻，短颈，溜肩，鼓腹，腹下部内收，平底内凹，底部有明显偏心切割纹。口径7.7厘米、高16厘米、腹径13.6厘米、底径5.8厘米（图六，1；照片四）。

铜钱，4枚，标本M1:2-1，方孔圆钱，正面隶书"开元通宝"四字，对读。正背面内外均有郭。钱径2.44厘米、穿径0.64厘米、外郭宽0.21厘米、郭厚0.15厘米（图五，1）。

M2位于发掘区的东南部，方向177°，平面呈"凸"字形，墓口距地表2.4米。土圹南北总长5.9米，东西宽0.68—2.8米，墓口距墓底1.6米，由墓道、墓门、墓室组成（图三，照片二）。

墓道，平面呈梯形斜坡状，南北长2.86米，东西宽0.68—1.42米，深1.6米。墓道两壁竖直，北端中部正对墓门位置略陡。

墓门，位于墓室南壁正中，门洞平面呈长方形，东西宽0.7米，进深0.36米，残高0.6米。墓门破坏严重，门洞内未发现封门砖。

墓室，平面呈马蹄形，除南壁较平直外另三壁略弧，东西两壁弧度较大，墓室顶部及上半部破坏无存，南北长2.3米，东西宽2.1米，四周采用青砖两平一立砌筑而成，其中南壁立砖为整砖，平砖为内外两层，作为墓门。其余三壁立砖为半砖，平砖单层。墓室底部未铺砖。棺床位于墓室北部，平面呈梯形，上部未铺砖，东西长1.7—2.1米，南北宽1.16米，高0.46米。棺床外侧包边砖下部东西向单砖平砌八层，上部梅花丁砌筑二层并出檐0.06米。棺床上未发现墓主人尸骨。

该墓出土5件陶罐、1件铜钗。

陶罐，5件，大小相似，形制相同。标本M2:4，灰陶质，侈口，圆唇外翻，短颈，溜肩，鼓腹，腹下部内收，平底微内凹，底部有明显偏心切割纹。口径7.4厘米、高13.8厘米、腹径12.8厘米、底径

照片一 M1

照片二 M2

照片三 M3

照片四 陶罐（M1：1）

照片五 陶罐（M2：4）

5.4厘米（图六，2；照片五）。

铜钗，1件，M2：6，平面呈"U"形，钗首略宽厚，内侧平直，外侧呈弧形。钗脚并列，微呈"八"字外撇，一端略长。钗长9.35厘米、钗首宽1.4厘米（图六，3；照片六）。

M3位于发掘区域西南部，方向178°，平面呈"凸"字形，墓口距地表2.4米。土圹南北总长6.04米，东西宽1.2—3.5米，墓口距墓底1.6米，由墓道、墓门、墓室组成（图四，照片三）。

墓道，平面呈梯形斜坡状，南北长2.6米，东西宽1.2—2.04米，深0.4—1.6米，墓道两壁竖直，北部略陡，接近墓门位置与墓底齐平。

墓门，位于墓室南壁正中，借助南壁外侧加砌青砖两平一侧作为墓门。墓门东西两侧各用三条砖竖于两层平砖之上装饰，每条竖砖向外，门洞平面呈长方形，东西宽0.84米，进深0.52米。墓门破坏严重，残高0.72米。门洞底部留有一层立砌封门砖，高0.18米。

墓室，平面呈马蹄形，除南壁较平直

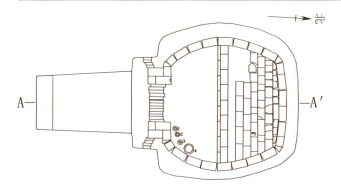

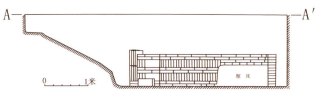

图四 M3平、剖面图

1—3.陶罐 4.铁釜 5.铜钱

外另三壁略弧，东西两壁弧度较大，墓室顶部及上半部破坏无存，南北长2.5米，东西宽2.6米，四周采用青砖两平一立砌筑而成，除南壁外另三壁立砖为半砖，平砖为单层。墓室底部未铺砖。棺床位于墓室北部，平面呈梯形，上横铺青砖一层，东西长1.8—2.6米，南北宽1.42米。棺床外侧包边砖残留底部两层，呈台阶状。棺床上未发现墓主人尸骨。

该墓出土3件陶罐、1件铁釜、1枚铜钱。

陶罐，3件，大小相似，形制相同。标本M3:1，灰陶质，侈口，圆唇略扁平外翻，短斜颈，溜肩，鼓腹，腹下部内收，平底微内凹，底部有明显偏心切割纹。口径6.8、高11.7、腹径11.8、底径6.4厘米（图六，4；照片七）。

铁釜，1件，M3:4，敞口，尖唇微外翻，斜直腹，圜底。口沿内侧对称置四棱柱桥形双耳，其中一耳残破，仅存根部。三足扁平，足跟部略弧，按等腰三角形方位与釜身下半部连接，其中一足与一耳相对应，足体均有明显焊修痕迹。釜身有裂隙延伸至口沿处，有焊修加固痕迹。釜体锈蚀较严重，外底残留锅底灰。口径21.2厘米、釜底径16厘米、通高16.2厘米（图六，

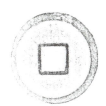

1

2

图五 铜钱标本拓片

1.铜钱（M1:2—1） 2.铜钱（M3:5）

照片六 铜钗（M2:6）

照片七 陶罐（M3:1）

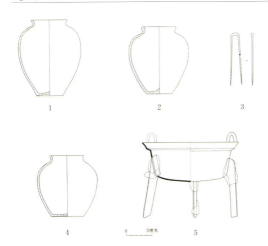

图六 出土器物
1.陶罐（M1:1）2.陶罐（M2:4）3.铜钗（M2:6）
4.陶罐（M3:1）5.铁釜（M3:4）

5；照片八）。

　　铜钱，1枚，M3:5，方孔圆钱，正面隶书"开元通宝"四字，对读。正背面内外均有郭。钱径2.48厘米、穿径0.67厘米、外郭宽0.23厘米、郭厚0.13厘米（图五，2）。

三、小结

　　此次发掘的三座墓葬形制可分为方形和弧边方形两种，与2008年大兴新城北区12号地[①]出土的部分唐代墓葬形制类似，其中M1与大兴新城北区12号地M6形制类似，M2、M3与大兴新城北区12号地M7形制类似。随葬器物中，三座墓葬中出土的陶罐与北京市昌平区沙河镇[②]M114中同类器形接近，M3中出土铁釜与密云新城0306街区B地块[③]同类器形接近。

　　三座墓葬分布集中，大致呈"品"字形排列，且墓向一致，埋藏深度相同，彼此之间并无叠压打破关系。结合三座墓葬的平面排列布局、形制及出土器物可以判断，此处应为唐代中期的小型家族墓地。

发掘：戢征　刘凤亮

绘图：戢征　杨程斌

摄影：戢征

执笔：戢征　杨程斌　孙峥　刘凤亮

　　① 北京市文物研究所：《大兴新城北区12号地唐代墓葬发掘简报》，《文物春秋》2010年第4期。

　　② 北京市文物研究所：《昌平沙河：汉、西晋、唐、元、明、清代墓葬发掘报告》，科学出版社，2012年。

　　③ 北京市文物研究所：《密云新城0306街区B地块唐墓发掘简报》，《北京文博文丛》2018年第1辑。

关于LA遗址非楼兰说的成因

王 策 于 璞

在众多楼兰汉文的简纸发现品中，李柏文书无疑占据着王冠的位置，这是一组以前凉西域长史李柏之名具书的官方信函，无论以历史学还是以书法史的眼光来看，都具有极其重要的价值。

楼兰遗址最初由斯文·赫定于1900年发现，并于次年1—3月组织了首次发掘，随后斯坦因等各国学者纷至沓来。LA即是斯坦因赋予的发掘编号，而楼兰则是希姆莱、斯文·赫定首先考订出来的历史名称①，这一定名为学界广泛接受。1909年3—4月间，日本僧人橘瑞超在该遗址发掘出了著名的李柏文书。由于李柏自署的传书地点是海头，而没有提及楼兰。如果LA遗址按照惯常那样被视作楼兰古城，这就显得自相矛盾，为此王国维独排众议，提出LA遗址为海头而非楼兰。

关于楼兰、海头之名与LA遗址之间的对应关系，虽经孟凡人等学者用楼兰海头别名说加以弥缝②，但似乎总不及王先生的论证来得那么自然。受此困扰，森鹿三先生另辟蹊径，提出了李柏文书非楼兰/LA遗址出土说。尽管1988年片山章雄先生从考古史的角度进行深入挖掘，发表了《李柏文书的出土地》③一文，将李柏文书重新带回到楼兰/LA遗址，但王先生论证合理、结论反常的观点仍旧像目翳一样让人挥之不去。有鉴于此，本文特就王先生的观点做一剖析。

一、LA遗址非楼兰说的基石

王国维的楼兰海头异地说或LA遗址

非楼兰说是特立独行的，虽然同持李柏文书LA出土说，但结论却与旁人大相径庭，而且显得更有理据——既然李柏自署的所在地为海头，那么楼兰只能到LA之外去找寻④。可悉心推敲起来，李柏文书在这个理论中其实只是个配角，并没有起到决定性的作用。

这个学说分两步立论。第一部分证明LA遗址非楼兰，楼兰更在其西。第二部分为LA遗址另觅名称——海头。第一部分显然是关键，但李柏文书却并没有在此现身。王国维首先为"何以知其（指LA遗址）非古楼兰"提出的理由是：

斯（坦因）氏所得简牍中，其云楼兰者凡三。一曰："帐下将薛明言，谨案文书，前至楼兰□还守堤并兵"，此为本地部将奉使楼兰后所致之文书，盖不待言。二曰："八月廿八日，楼兰白疏，悍惶恐白"。其三曰："楼兰□白"；而细观他书疏之例，则或云："十月四日具书焉者，玄顿首"，或云："敦煌具书，畔毗再拜"，皆于姓名前著具书之地；以此推之，则所云："楼兰白疏，悍惶恐白"者，必为自楼兰所致之疏。其书既自楼兰来，则此地不得为楼兰矣。⑤

迄今公布的楼兰汉文文书多为断简残纸，像李柏文书那样篇幅比较整齐的为数极少，因此单凭这些只言片语要想搞清它们的来历——到底是外来的文书，还是投往异地而存留的文书草稿，抑或将要投递却因某种原因滞留未发的正式文本——殊非一件容易的事情。上述第一件简牍，斯坦因出土编号为L.A.III.i.16⑥，王国维解作薛明往楼兰公干时写回LA的汇报书，但也并非不能看成在外屯戍——屯戍地点不在楼兰——的薛明在汇报书中追述以往返回LA/楼兰时的情形。第二件编号为L.A.Ⅵ.ii.065的残纸⑦，上书两行大字，但第一行起首日期的右侧原本另有一行小字"张主簿坐前"，王先生遗漏未释；这行小字显系后补，它们的存在或许正好说明该纸不过是一件遗留本地的草稿。而最后那件L.A.Ⅱ.ii（4），只是一条残存四字的碎片⑧，很难说明什么问题。由此看来，仅凭这几件文书尚难轻断：LA遗址必非楼兰。

接下来是对LA遗址的地理学考察。王国维先生先是引征文献关于楼兰城方位的记述，这些材料与其他学者援用的并无区别，解读也不存在分歧，即汉魏楼兰城应奠基于罗布泊的西北。但随后在将文献中的楼兰城与LA遗址做比勘时，矛盾就出现了，他写道：

（据文献）则楼兰一城当在塔里木河入罗布淖尔处之西北，亦即淖尔西北隅，此城（指LA）则当淖尔东北隅……故曰希、斯二氏（指斯文·赫定和斯坦因）所发现淖尔东北之古城（指LA）决非古楼兰也。⑨

显而易见，地理学的考察才是判定LA遗址必非楼兰的主角。

第二部分是衍生出来的。既然LA遗址并非楼兰，而且位于罗布泊的东北，所以只能与文献中提到的早期的居庐仓、龙城和姜赖之墟相比勘；至于它在前凉时的名称，则可据李柏文书推定为海头；李柏文书的作用轻若鸿毛。

第一部分是整个理论的基础，倘若松动，后续的推衍也就随之坍塌。第一部分论证的枢府在于地理学的考察；几件文书性质的讨论虽然排列在前，但就逻辑而言，却像是地理学考察之后添加上去的装饰。换言之，认定斯文·赫定和斯坦因发现的LA遗址位于罗布泊的东北岸，才是奠定王国维LA非楼兰说的基石。这个认定与

文献考证并无关系，而是另有因缘。

二、通行的地图颠倒了LA遗址的方位

斯文·赫定和斯坦因发现的LA遗址位于古罗布泊湖盆的西北岸，与文献的记载全无殊别；但对于这样的考古学事实，王国维何以会把它颠倒到东北上⑩去了呢？

《流沙坠简序》中记有LA遗址的坐标："稍西于东经九十度，当北纬四十度三十一分之地"⑪，与斯文·赫定以来的历次测绘都不矛盾，更与斯坦因《沙漠契丹废址记》（Ruins of Desert Cathay）所公布的数据完全契合，后者记作：经度89°55′，纬度40°31′⑫，显然王国维的数据与撰写《流沙坠简》的大部分文书材料一样，都是通过沙畹间接受惠于斯坦因的⑬。

最初，王国维和罗振玉于1913年岁末得到的只是沙畹"考释之书的手校本"⑭，内中并无斯坦因实测的LA/楼兰遗址位置图。转年（1914）二月以后，《流沙坠简》几近杀青，他们才读到斯坦因的"纪行之书"⑮。从时间上看，这本"纪行之书"指的就是《沙漠契丹废址记》，该书出版于1912年，内中记述了斯氏1906—1908年在敦煌和楼兰等地的考察。书中不仅附有敦煌北部汉长城烽燧分布图——正是利用这些图纸，王国维对他所作的汉代烽燧考进行了校订⑯——而且也配有罗布泊地区的勘测图⑰。

总之，王国维撰写《流沙坠简》是通过斯坦因实测的LA坐标与通行地图进行比对，得出遗址与罗布泊的相对位置关系。这些通行的地图应是当时比较容易找到的清中叶或清末民初刊行的舆图⑱，在这类舆图上是不可能标注赫定、斯坦因等人测绘的古罗布泊湖盆的。由于没有意识到所用地图可能存在的缺陷，而对比结果的印象又是如此深刻，以至于后来王先生竟错失了利用斯氏勘测图进行矫正的机会。

三、清代民国舆图上的罗布泊

斯文·赫定把罗布泊称作"游移的湖（the wandering lake）"，意思是说塔里木河、孔雀河的终端湖随着时间的变迁不断发生位移。事实上，罗布泊作为塔里木河终端湖的代名词，也因这片水域的波荡而漂泊不定。概言之，历史上罗布泊的位置发生过多次迁转。

19世纪末兴起的罗布泊研究热，肇始于俄国人普尔热瓦尔斯基，并且恰巧结缘于清代罗布泊的位置与这一时期的西域舆图。他提出当时塔里木河的终端湖——喀拉库顺湖，应当就是古代史上的罗布泊，只不过囿于清朝的勘测技术，它的纬度被标高了一度。斯文·赫定和他的老师李希霍芬表示反对：地图坐标并没出错，这是因为历史上塔里木河流入的罗布泊始终都在阿拉干湖群一带，位置偏于东南的喀拉库顺湖只是晚近才形成的该河的新终点，正因形成时间不长，它才会是个淡水湖。然而时隔不久，当赫定在孔雀河故道、库姆河的尾闾找到古罗布泊湖盆——也就是塔里木河早期倾注的水域时，赫定观点就改变了，他将清代舆图标绘的罗布泊及文献记载的历代罗布泊统统都归并为自己的新发现，绝口不再提及阿拉干一带的湖群[19]。

普尔热瓦尔斯基的观点显然是非历史的，没有顾及塔里木河、孔雀河的下游河道及它们的终端湖——罗布泊会因时间而产生变化。李希霍芬与赫定早期的观点掺入了动态的色彩，但是赫定最终的看法似乎仍旧回到了一种僵化的历史观：早期塔里木河、孔雀河流入古罗布湖盆，晚近则以喀拉库顺湖作为终点，1500年为一周期，在两点间摆动。如此刻板的表述似乎已彻底背离了纯粹的游移说[20]，然而塔里木河、孔雀河终端湖的变迁，远比他的想象来得更为复杂。

尽管以后的讨论者都免不了要涉及罗布泊在历史上的演变和迁徙，但已很少有人再留意清代及清末民初被称作罗布泊的水域方位及当时舆图对它所作的描绘。在这为数极少者中，黄文弼和奚国金二位先生无疑是其中的翘楚[21]。

他们的研究结论基本相仿。康乾时代的罗布泊，也即塔里木河、孔雀河的终端湖，早已由赫定发现的古罗布泊迁出，其时的位置黄文弼先生划定在"今阿拉竿（干）以北以东……经度87°30′至88°40′，纬度40°5′至40°40′……北岸达营盘西南小海子"[22]，奚国金先生给出的坐标仅有细微的差别："北纬39°58′至40°30′，东经87°25′至88°30′"[23]，大体对应的都是赫定提到的阿拉干湖群，因此《清乾隆内府舆图》标注的罗布泊反映的就是阿拉干湖群的方

表一　《孔雀海历史地理考证》所见清末民初喀拉布朗、喀拉库顺湖的名称

		喀拉布朗	喀拉库顺
光绪年间	《辛卯侍行记》	罗布泊	黑泥海子、芦花海子
1899年出版	《大清会典舆图》	罗布泊	阿不旦浣、硕洛浣
1905年商务印书馆	《大清帝国舆地全图》		罗布淖尔[24]
1906年12月斯坦因见闻	《西域考古记》第九章		喀拉库顺干涸了
光绪、宣统年间	《若羌县乡土志》	罗布泊	阿不旦海子
1909年东方学会	《新疆全省舆地图》	罗布泊	硕洛浣
民国初年	《参谋部图》	罗布泊在若羌北[25]	
1917年	谢彬《新疆游记》	罗布泊	
1928年	《清史稿·地理志·焉耆府·若羌县》	罗布淖尔	阿不旦海、硕洛浣

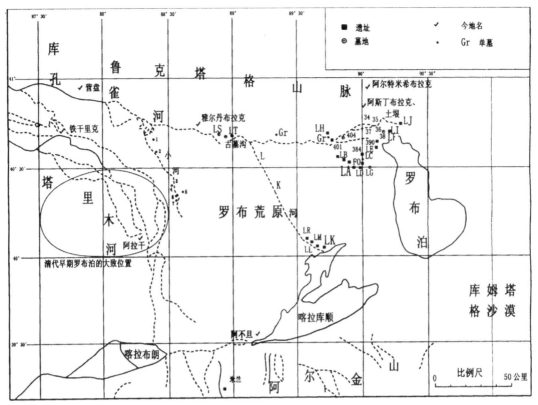

图一 据侯灿、杨代欣编著《楼兰汉文简纸文书集成》第6页《楼兰遗存分布示意图》改编

位。此后，伴随塔里木河、孔雀河下游河道的进一步衍化，阿拉干一带的湖群逐步干涸，新的终端向南延伸，形成了东西蝉联的喀拉布朗湖和喀拉库顺湖。喀拉布朗居西，水体似乎更加稳定；喀拉库顺位于东侧，应该是塔里木河的最终目的地，但有时它又像是喀拉布朗的溢出湖，水域因流量时有变化，枯水期会萎缩成几个小湖，甚至彻底涸竭；因此，到了清末民初，惯常把喀拉布朗当作"罗布泊"。奚国金先生在《孔雀海历史地理考证》[26]一文中胪列了清末民初时期舆图和文献资料对两湖的称谓（详见表一）。

如果将斯坦因测定的LA/楼兰遗址坐标放到清末民初的地图上，那么，王国维得出那样的结论也就顺理成章了。当然，王先生大概相信，古代罗布泊的水域比他在地图上见到的喀拉布朗湖和喀拉库顺湖都要辽阔得多，因此才会用"蒲昌海（即古罗布泊）溢、荡覆其国"的龙城和姜赖

之墟来比定LA遗址[27]。

概言之，将清末民国塔里木河、孔雀河的终点误认作汉魏时代的盐泽、牢兰海，致使王国维将LA遗址定位到罗布泊的东北，从而得出LA遗址非楼兰的结论（图一）。

四、结论

以上对王国维LA遗址非楼兰说的成因进行了剖析，提出李柏文书在这个理论中无足轻重，决定非楼兰说的核心是地理学的考察；但因错用了地图，王先生误把清末民国的喀拉布朗和喀拉库顺湖当成古代的蒲昌海，颠倒了遗址与古罗布泊的位置，从而推导出LA为海头而非楼兰的结论。

① （日）森鹿三著、丛彦摘译：《李柏文书的出土地点》，《新疆文物》1991年第4期；（日）片山章雄著，侯铮、广中智之译，侯灿审校：《李柏文书的出土地》，《新疆文物》1998年第4期。

② 孟凡人：《李柏文书出土于LK遗址说质疑》，《考古与文物》1983年第3期。本文将"可能"两字加粗，予以强调。

③ （日）片山章雄著，侯铮、广中智之译，侯灿审校：《李柏文书的出土地》，《新疆文物》1998年第4期。

④ 谭其骧主编：《中国历史地图集》第三册《三国·西晋时期》似乎采用的就是王国维学说，中国地图出版社，1982年，第20—21、59—60页。

⑤ 罗振玉、王国维：《流沙坠简》，中华书局，1993年，第7页。

⑥ 该件斯坦因的发掘编号L. A. Ⅲ. i. 16，图版参见侯灿、杨代欣：《楼兰汉文简纸文书集成》，天地出版社，1999年，第335页。

⑦ 该件斯坦因的发掘编号是L. A. Ⅵ. ii. 065，图版见侯灿、杨代欣：《楼兰汉文简纸文书集成》，天地出版社，1999年，第397页。

⑧ 在"简牍遗文考释五十四"中，王国维先生复识作"楼兰以白"，参见《流沙坠简》，中华书局，1993年，第235页。该件斯坦因的发掘编号为L. A. Ⅱ. ii（4），图版参见侯灿、杨代欣：《楼兰汉文简纸文书集成》，天地出版社，1999年，第85页。

⑨ 罗振玉、王国维：《流沙坠简》，中华书局，1993年，第7—8页。又见《流沙坠简前序》，载《王国维遗书》第三册，上海古籍书店，1983年，第64—65页。

⑩ 在收入《观堂集林》第十七卷的《罗布淖尔东北古城所出晋简跋》中，王国维先生更把这个位置关系写到了标题之中。《王国维遗书》第三册，上海古籍书店，1983年，第99页。

⑪ 《流沙坠简序》，《流沙坠简》，中华书局，1993年，第6页。

⑫ 侯灿：《楼兰古城址调查与试掘简报》注释①，见《高昌楼兰研究论集》，新疆人民出版社，1990年，第332页。

⑬ 参见王国维、罗振玉为《流沙坠简》所作的序，中华书局，1993年。

⑭ 参见王国维《流沙坠简序》及罗振玉《流沙坠简序》，分见于《流沙坠简》第3页和第1页，中华书局，1993年。

⑮ 《流沙坠简》后序，《观堂集林》第三册。

⑯ 由《流沙坠简附录》可知，《流沙坠简》，中华书局，1993年。

⑰ 侯灿先生提到《沙漠古代中国废墟》（即《沙漠契丹废址记》）配有三十万分之一的地图，那里标有楼兰城的坐标。参见侯灿：《楼兰古城址调查与试掘简报》注释①，该氏《高昌楼兰研究论集》，新疆人民出版社，1990年，第332页。

⑱ 例如商务印书馆1909年出版的大清帝国全图和1911年东方学会编制的《新疆全省舆地图》。

⑲ 奚国金：《罗布泊的历史过程及其新发现》，《西域研究》1992年第4期。

⑳ 后来，陈宗器先生在发展这一理论时，为它起了一个更贴切的名字——"交替湖"说。

㉑ 黄文弼：《罗布淖尔考古记》第一章"罗布淖尔水道之变迁与沙漠之移徙"，《中国西北科学考察团丛刊之一》，中华民国三十七年（1948）；奚国金：《罗布泊迁徙的历史过程及其新发现》，《西域研究》1992年第4期；《罗布泊迁移过程中一个关键湖群的发现及其相关问题》，《历史地理》第5辑；林梅村：《寻找楼兰》第二章"游移的湖"，北京大学出版社，2009年。

㉒ 黄文弼：《罗布淖尔考古记》，《中国西北科学考察团丛刊之一》，中华民国三十七年（1948）。

㉓ 奚国金：《罗布泊迁移过程中一个关键湖群的发现及其相关问题》，《历史地理》第5辑，上海人民出版社，1987年；《罗布泊迁徙的历史过程及其新发现》，《西域研究》1992年第4期。

㉔ 关于清末、民国刊行的新疆舆图，奚国金先生在《孔雀海历史地理考证》一文中多有提及，可以参阅，见《地理集刊》第18号，第167—175页。

㉕ 诸例中，唯有此图将喀拉库顺称作"罗布泊"，恐是编制讹误所致。

㉖ 位于若羌北的只能是喀拉布朗湖。

㉗ 罗振玉、王国维：《流沙坠简》，中华书局，1993年，第8页。

（作者单位：北京市文物研究所）

教育技术学的发展及其在博物馆数字展示中的应用

岳小莉

"展览+讲解"是博物馆传统意义上的教育形式。通常，由于展览所能提供的信息十分有限，观众获取信息的效果主要取决于讲解员的个人能力。另一方面，随着信息技术的高速发展及其在博物馆中的不断渗透，数字展、数字博物馆等新的展览形式开始为人们所认识和了解。这一新的数字化展示形式具有信息量大、展示形式多样、传播范围广及传播效率高的显著特点，为博物馆教育功能的有效发挥提供了更加广阔的想象空间。相应的，如何构建高质量的、真正意义上的数字展和数字博物馆也成为当前博物馆所面对的一个重要课题。

在对国内重要博物馆已开展的相关工作进行全面调研后发现，目前，国内博物馆对数字展及其在教育中作用的理解还停留在较为初步的阶段。体现在数字展的形式上，要么把线下实体藏品展览的内容直接转换为数字形式，要么局限于教科书式的内容推送。究其原因，大致可以归为以下几点：1.缺少对"数字展"与"实物展"不同特点、形式与功能的必要研究和深入理解，难以发挥"数字展"的深层价值；2.缺少以"观众"为中心的重新考量，仍然停留在传统的主观推送方式上，难以提供有效的信息服务；3.缺少对信息技术的必要了解，在技术选择上缺乏主动性和针对性，导致信息传播的效果受限。事实上，这几项内容也正是信息时代下教育技术学所研究的核心内容。基于此，为了保证博物馆数字展的构建质量及其所提供信息服务的有效性，有必要从教育技术学的角度来重新审视和研究博物馆数字展的设计理论、方法及应用，为在博物馆开展相关工作提供科学的、有价值的指导和理论依据。

一、教育技术学的发展现状

教育技术学是现代教育科学发展的重要成果。教育技术参与教育过程，是对教育过程模式的优化提升，使得教育过程的组织序列更具逻辑，分析和处理教育、教学问题的思路更加系统化。20世纪60年代以后，人们开始真正使用"教育技术"这个术语，并围绕它形成一个独立的知识体系。而现代科学技术和现代教育理念的不断发展则赋予"教育技术"这一概念更为充实的内涵和无限的生命力。1994年美国教育传播与技术协会（Association for Educational Communication and Technology，简称AECT）对教育技术作了全新的定义：教育技术是关于学习资源和学习过程的设计、开发、使用、管理和评价的理论和实践。

在实际应用层面，大家对教育技术的了解通常来自于以下几个概念：如早期的电化教学、多媒体教学（课件），以及目前网络环境中的"慕

混合学习

面对面　课堂辅助　翻转学习　复合式学习　完全在线（远程）

无技术　　　　　　　　教学　　　　　　　　全技术

图一　技术支持的教学连续谱（引自托尼·贝茨的著作）

课"（MOOC, massive online open courses, 大型开放式网络课程）等。其中，近几年MOOC的发展代表了这一领域的最新进展。尽管MOOC本身在商业模式及在市场中的推广存在诸多问题，但我们仍可以从中了解在线学习（也可以理解为教育技术学的一种应用途径）的一些本质问题，并作为帮助我们进一步了解教育技术学在博物馆数字展陈设计中的价值和必要性。限于篇幅，本文对MOOC的发展历史和相关内容不做详述，而是针对博物馆数字展陈的相关性，直接就教育技术学关于MOOC的在线学习方式与传统的面授学习方式之间关系的最新研究成果加以说明。

关于技术与面授教学，目前一个普遍的观点是倾向于混合学习，即面授教学和在线学习的结合。在相关的教育机构，这样的例子已随处可见，从小学生的课堂直至大学生的课堂，传统的供教师书写用的黑板已转变为一半黑板、一半显示器的模式。而回到家中或宿舍，更多的学生开始选择在线学习的方式对课堂上所获取的知识点进行拓展或深化。本质上，这就是混合教授的方式，更准确的说法是，对教授者而言这属于混合教学（blended teaching），对学生而言这属于混合学习（blended learning），这两个概念有所区别，考虑到本文内容的相关性，这里不赘述。

关于"混合学习"，许多人把"blended learning"（混合学习）和

"hybrid learning"（复合式学习）互换使用，但托尼·贝茨对这两个词做了区分（图一）。他将所有技术和面授教学相结合的学习都称作"混合学习"。这种结合是一种连续谱，一端是不经意地使用一些手头的技术与教学结合；另一端是教育机构有计划、有目的地把技术和面授教学相结合。贝茨将"复合式学习"用于特指这一连续谱中特定情况下的混合学习。它不是在无意或偶然的情境下使用技术，而是对整个教与学系统进行重新设计，在面授学习和在线学习之间实现最佳的协同作用。

那么，在具体实践中，最佳的混合原则是什么？贝茨列出以下三条指导原则帮助我们找到复合式学习，即面授教学和在线学习之间最佳的混合方式。首先，已经论证过，在线学习应该成为首选方式。一切可以通过在线方式实现的都应该在线完成，充分利用开放教育资源来提高质量、降低成本、提高生产率；第二，作坊式的教学方式应被教学团队和专业化的教学所替代。教师的关键任务是与学生交互，教授学生一些高难度的技能，帮助学生掌握挑战性的学术知识，仔细评估学生独立完成的作业；第三，关注学习结果。在线学习意味着学生可以任意选择学习地点。

最后，实现最佳协同也需要教师改变教学方式：不再是一个教师面对众多学生讲课，取而代之的是教师在面授教学中重点评估学生独立完成的作业、分小组以学徒培训的方式传授复杂的技能和具有挑战性的学术知识。在今天的高科技时代，现有的教育模式已无法满足学生的多样化需求。未来，如果专业且谨慎地对复合式学习方式加以应用，它将重塑我们既有的教育模式，学生将获得更好的学习成绩，教师的满意度也会

大幅提高。

基于上述内容，不难理解，作为教育职能的重要担当者，博物馆将教育技术学的相关理论和方法应用于相关知识产品（例如数字展）的设计和制作中显得尤为必要和重要。

二、博物馆数字展示的发展现状

在过去十多年的时间里，数字展示在博物馆中得到了快速的应用。根据数字展示的作用及其展示形式，主要分为三种类型：实体藏品展厅中的数字辅助装置、实体场馆里的数字沉浸式展示，以及线上的博物馆藏品展示和不可移动文化遗产的数字化展示。以下通过一些典型应用案例加以说明。

（一）实体藏品展厅中的数字辅助装置

这类展示较早出现于博物馆的实物展陈中，其作用是弥补实物展陈在信息提供和展示手段上的不足，通过提供更为全面的信息帮助观众了解展览的主题或展示的对象，如加拿大文明博物馆即在展陈中使用了部分辅助型数字展示设备（图二）。

（二）实体场馆里的数字沉浸式展示

1.平面艺术品的沉浸式数字展示

国内最早、具真正意义的沉浸感概念的数字内容大概要算北京故宫博物院2005年建设的数字画廊。2010年北京故宫博物院与北京大学、微软亚洲研究院共同完成沉浸式数字音画"走进清明上河图"项目，在高清晰展示平面绘画作品时，采用具有三维空间音效的画面人物对话、画面环境声和烘托整体画卷意境的背景音乐等音频信息，带领观众"走进"清明上河图所展现的时代场景。

限于展示场合及传播力度，看到这些作品的观众非常有限。之后，上海世博会中国馆的数字展"清明上河图"

借鉴了这一研究成果（图三），使得这一概念和形式呈现在更多的观众眼前。近两年在京沪两地引发强烈关注的"莫奈展"和"梵高展"（图四），则让普通观众进一步熟知了"多媒体沉浸式展览"在信息传达意图中的有效性，即未展出一幅原作，却可以通过数字化技术和声音营造出令人惊叹的艺术氛围。

2.三维建筑实体的沉浸式数字展示

三维建筑实体也是博物馆数字化展示的一项重要内容。2005年前后，北京故宫博物院与日本凸版公司合作的虚拟现实剧院和《天子的宫殿》，是国际博物馆中第一个展示建筑本体的沉浸式展示项目。在故宫外朝三大殿和内廷养心殿、倦勤斋等宫殿区域的三维模型制作的基础上制作了四部数字节目，在可以容纳50人的试验性演播剧场中播放（图五），通过营造沉浸式的场景和人机互动的展示形式揭示"明清皇宫——紫禁城的遗产地精神"。

（三）线上的数字化展示

1.物质文化遗产的数字化展示

图二 加拿大文明博物馆中部分辅助型数字展示设备

图三　上海世博会《清明上河图》数字展示

图四　"梵高展"现场效果图

物质文化遗产（Material cultural heritage），又称"有形文化遗产"，即传统意义上的"文化遗产"，包括历史文物、历史建筑、人类文化遗址①。

博物馆藏品通常指可移动的物质文化遗产，其线上展示常见于博物馆的官网，多用于对重要馆藏品的专门展示。根据所采集的不同数据类型，又有二维平面展示和三维立体展示，以此帮助观众了解相关藏品的详细信息。如中国民族博物馆数字展"中国茶文化"中对所用到茶器的三维动态展示（图六）。

不可移动文化遗产主要指文化遗址、古墓葬、古建筑、石窟寺、石刻等，具有体积大、不易移动的特点。借助三维重建等技术，在网络空间中对之加以数字化展示也是近年来博物馆领域数字化应用的一个热点，谷歌与法国凡尔赛宫的合作具有一定的代表性。

凡尔赛宫作为法兰西宫廷长达107年，其宏大豪华、庄重雄伟的风格令人

叹为观止。为了保护这座著名建筑古迹，谷歌与凡尔赛宫合作建立了一个三维的凡尔赛宫模型（图七），将它用于动画电影。为了产生更为真实的感官体验，团队搜集了大量的细节照片和连续的帧序列图片，甚至用一个高空气球来拍摄鸟瞰照片用于大地和屋顶纹理。借助这一技术手段，凡尔赛宫能为在线观众提供更好的展示途径，帮助观众更直观、全面、深入地了解凡尔赛宫的相关信息。

随着移动互联网的发展及移动智能终端的普及，手机上的博物馆概念为更多的观众所认识和接受，而增强现实（AR）技术在其中的应用也大大提高了观众的参观体验。法国尚博尔城堡②博物馆利用AR技术，提供面向移动终端的数字展示应用，观众可以通过iPad一窥弗朗索瓦一世时期尚博尔堡的历史风貌（图八）。

2.非物质文化遗产的数字化展示

图五　故宫演播剧场中播放的《天子的宫殿》

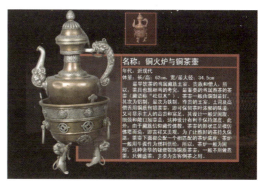

图六　中国民族博物馆藏品的数字化动态展示

图七 凡尔赛宫的3D扫描和数字化场景展示

图八 尚博尔堡增强现实技术

非物质文化遗产是民族学、人类学博物馆收藏、研究和展示的重要内容，区别于物质文化遗产的实物展示，非物质文化遗产的记录和存在形式还包括大量的影像资料。某种程度上，这些内容更适合在数字空间进行展示。以下实例来自中国民族博物馆的官网，针对不同类型民族文化的特点进行设计、制作的数字展览项目（图九、图一〇）。

通过上述实例可以看到，数字展示在博物馆应用中的发展主要体现在以下几个方面：

（1）内容的变化，从信息补充的角色发展成为可独立承载完整主题的数字内容。

（2）形式的变化，从单一数字设备发展到多种数字展示设备组合使用，以适应文字、图片、视频和音频等多种媒体形式的使用组合。

（3）传播途径的变化，从场馆展示发展到网络空间，直至移动终端。从教育手段的角度来看，这些变化也折射出信息技术在博物馆信息服务能力提升上的作用和价值。

另一方面我们也能看到一个现象，即近几年国内观众耳熟能详的多是一些源自国外的数字化展示项目，如Google数字艺术馆、莫奈梵高数字映像展、日本Team Lab的花舞森林等，这些展示所

图九 中国民族博物馆的"金婚"数字展

图一○ 中国民族博物馆的"初音"数字展

呈现出的新颖形式赋予了我们不同的观展体验和想象空间。而事实上，当十多年前数字化展示在世界博物馆尚处于起步的阶段，以北京故宫为代表的国内博物馆即着手进行了探索和尝试，相继推出《天子的宫殿》《走进清明上河图》等数字化展示产品，无论设计理念、创新意识，还是展示效果，当时都走在世界博物馆前列。近年来，尽管也有一些较为优秀的数字内容问世，但从设计理念和创新意识来说，并未有新的突破。较之于国外博物馆在这一领域持续的创新能力，这个问题也值得我们思考。

四、教育技术学在博物馆数字展示中的应用

前文中，我们分别对教育技术学和博物馆的数字展示这两个专业领域的基本概念和发展现状进行了梳理。不难发现，目前博物馆的数字展示实践大多还停留在让藏品"动"起来的阶段，借此帮助观众更直观地了解某一展示对象的具体内容或功用。如"走进《清明上河图》"数字展示是对藏品《清明上河图》的动态展示，通过这一形式帮助观众了解作品所反映的时代和人物；敦煌研究院的"降魔成道"数字展示通过动画的方式为观众解读宗教题材的石窟壁画内容；凡尔赛宫的三维场景复原则引领观众置身于一个虚拟的真实场景中感受精美建筑的魅力。然而，从严格的知识学习层面来说，已有的工作离"为观众提供个性化的信息服务"这一目标尚有不小的距离。

（一）场馆学习中的应用

北京故宫博物院是国内最早开展博物馆信息化工作的机构之一，在持续十多年构建藏品数据库的基础上，也开始了数据利用的早期探索。因其相关工作的内核与本文的主题有直接的相关性，这里我们以此为例，对本文的研究和思考重点做进一步的阐述。

作为世界文化遗产的北京故宫博物院，每年都吸引着来自世界各地的众多游客。初进紫禁城，很多人都会为其壮丽的建筑群所震撼。尽管散布在院内的各个展馆常年展出着2万余件珍贵文物，但是如果对走出紫禁城的观众做一个调查，很多人留下的印象只是"一片大房子"的感觉，甚至有观众问：他已经到过紫禁城，但"故宫博物院又在哪里呢"？这个疑问道出了关键所在，即在时间有限的情况下，观众可以从博物馆中得到什么？为了解决这个问题，1998年，故宫最早在国内提出"数字故宫"的概念。

"数字故宫"是对故宫博物院整体数字化的称谓，其中最具价值的是藏品数据，包括超过100万件藏品、典籍的档案数据，大量高清晰度的文物和建筑图片及相关的音视频数字资源。随着观众对博物馆需求的提升，如何利用这些数据提供更具价值的信息服务、帮助观众更好地认识和了解这个集众多建筑和丰富藏品于一身的博物馆则成为一个需要面对的问题。

最早的思考立足于突破"空间"

和"时间"的局限。传统的实体博物馆往往只能用本馆所藏的有限藏品和有限的展示空间举办展览，其局限性不言而喻。而"数字博物馆"则是利用信息技术进一步充实、扩展博物馆的展示内容和信息传播的空间，更好地满足处在不同地域场景、具有不同知识背景的观众的需求，以期达到知识传播效率的最大化。基于此，借助网站这一网络空间，故宫做了如下探索。

1. 参观前——使没来过的观众知道故宫博物院

作为公众了解故宫的重要信息门户，故宫博物院自2000年即开始建立其官方网站，其间历经多次改版、完善。2009年版的网站由于囊括近万件文物、上百个文化专题，以及大量的学术论文、历史文档及游戏而受到民众喜爱。目前我们看到的最新版网站则在内容组织形式上做了进一步的升级。通过网站，观众可以对故宫有一个快速、全面的认识和了解，为其可能的故宫之行提前进行信息或知识的准备。

2. 参观过程中之导览——使来到紫禁城的观众认识故宫博物院

身处故宫重重叠叠的院落很容易迷失方向，设在主要通道的导览信息屏可以向观众提供位置和展览信息服务，引导观众参观。希望通过这些交互式信息装置"使来到紫禁城的观众认识故宫博物院"。

3. 参观过程中之了解——使观众了解其蕴含的文化知识

展厅入口处的展览主题视频节目播放区、安放在展柜前面的电子说明牌、展览内容互动区内的多组信息展示装置有机地将文物实体展示和数据库整合，综合运用文字、图像、视频、声音和动画等多种技术和人机交互的手段，对受众形成多感官的信息输入，使站在宏伟古建筑和精美文物面前的观众了解背后的知识。

如故宫陶瓷馆展厅内专门设置了电子展示区域，视频短片《从陶到瓷》和《陶瓷之美》是观众了解中国古陶瓷的敲门砖（图一一），展柜前的电子说明牌则能帮助观众们了解到更多展品信息。此外，专门设计的卡通形象"小玄子"在陶瓷知识课堂主持"竞聘督陶官"的互动游戏，受到很多小观众的欢

图一一 陶瓷馆展厅电子展示区域播放的视频短片

图一二 "竞聘督陶官"闯关游戏

迎（图一二）。通过这一环节的设置，可以帮助观众及时总结和梳理在当前展馆中所获取的知识，加强即时记忆的效果。

4. 参观后——使离开故宫的观众还能深入了解相关的知识内容

故宫博物院的"中国古代书画研究系统"采用便捷的高清晰影像浏览方式，可以实现画面细节比对，以及研究成果标注、研究成果检索、存储等功能（图一三）；同时，利用互联网提供跨地域的学术信息服务。此外，随着移动智能终端的快速普及，故宫又持续推出了可以在手机上观看的数字内容和数字游戏，如《韩熙载夜宴图》《皇帝的一天》等，通过更多丰富的内容和形式让观众对故宫博物院的藏品有更为全面、深入的了解。

从实际应用的角度来看，或许大多数观众未必能领会相关内容的关联和设计用意，但从博物馆教育内容和教育形式提供的视角来看，故宫的上述工作是目前所知国内博物馆第一个有系统意识的、也是较具代表性的借助信息技术手段发挥博物馆教育职能的案例，值得思考和借鉴。

对应于教育技术学所论及的教学过程中有技术元素（如数字节目、数字交互内容等）参与的"混合式学习方法"及技术支持下的"教学连续谱"模式，不难看出这一探索所具有的价值和意义。概言之，如果观众能够在参观故宫的全过程遵循事前了解、事中合理利用相关的技术手段（理解建筑或文物背后历史文化），以及事后总结或深化、拓展相关的知识内容这几个重要环节，那么其学习相关知识的效率会大大提升。从另一个方面来看，如果将博物馆的讲解者对应于教育过程中的"教师"这一角色，在这一模式下，其所发挥的作用也不再局限于知识的传输，而是需要进一步转化为个性化学习的辅导者或答疑者。如此，研究者、讲解者、观众可以建立起知识提供和知识获取的合作体，共同推动博物馆在知识产品输出能力上的不断改进。而这，也正是本文的初衷所在。

（二）数字空间中的应用

数字人文[3]又称人文计算，是一个将现代计算机和网络技术深入应用于传统的人文研究与教学的新型跨学科研究领域，它的产生与发展得益于数字技术的进步及其在科学领域的普及应用[4]。本质上，数字人文的主要作用并不是加速人文学科的进步，而是为人文学科领域

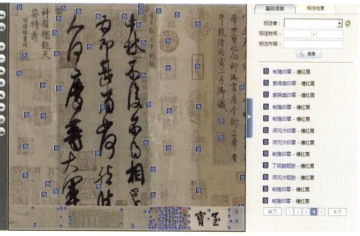

图一三 故宫的"中国古代书画研究系统"

图一四 上海博物馆网站"每月一珍"栏目

研究中长期存在的问题提供新的研究方法。近年来，数字人文也开始被博物馆相关从业人员所了解和关注。上海博物馆在网站品牌栏目"每月一珍"的内容设计中（图一四），根据藏品自身信息的多元性特征，同时受数字人文的数字化组织复合结构的启发，以每件产品实际存在的一对多的逻辑进行铺陈，力求打破实体叙事中每件藏品与主题的一对一结构，并以多线索并行呈现、主线和副线互证的方式，辅之以可视化的手段，走出了一条与传统博物馆展示传播不同的路径，取得了良好的反响。

"遗我双鲤鱼：上海博物馆藏明代吴门书画家书札精品展"是上海博物馆制作的网络展。通过吴门星空图构建出由52位文人组成的关系图，清晰、动态地反映出明代中晚期吴门地区文人关系的层次及其互动（图一五）。由于吴门文人彼此关系复杂交错，为取得条理清晰、视觉效果明确的结构关系，采用了星空主题，以表现各人物相互并存又层级次序分明的关系。

上海博物馆2017年启动了一个数字人文项目：以明代著名书画家董其昌为基点，力图整理围绕这位画家的流派、传承、发展、收藏、交往的数据资料，并将其放置在明代历史变化的进程中；同时以这一时期西方艺术的发展作为参照物，通过各类数字分析工具来剖析他们之间的各种关联，绘制出相关的收藏、艺术流变、人际关系等方面的各种可视化图谱（图一六），从而为探讨相关文化艺术脉络寻找一个方法上的突破。该项目在广泛采集藏品图像数据及相关数字资源的基础上，以知识图谱和人工智能作为两个主要立足点展开数字人文的探索。

数字人文在博物馆中的应用为博物馆教育走向更为专业、深入提供了可能。上海博物馆的案例向我们呈现出博

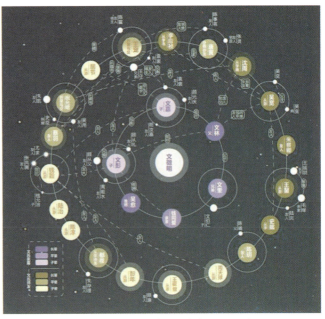

图一五 吴门星空（网络关系图的运用）

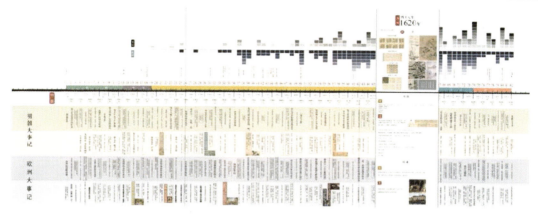

图一六 董其昌大事年表效果图

物馆在知识生产领域的地位和价值，即以"物证"为载体，将相关的知识和研究加以聚合，并对其间的关系加以挖掘、分析和可视化呈现，为观众和专业人员提供更为全面、完整的知识内容。

结合北京故宫博物院、上海博物院的案例，不难看出，如果能够充分考虑观众线上线下的行为特点和获取信息的方式，那么博物馆的教育功能将得到极大的提升。若如此，博物馆在整个大文化产业中的"超级连接"⑤作用才能得以彰显并难以替代。

五、结语

通过前文的阐述，我们了解到信息技术在博物馆教育功能发挥上正扮演着越来越重要的角色。事实上，从技术的视角来看，信息技术的创新应用正在加速拓展博物馆的教育空间，无论是场馆学习，还是在线学习，具体表现为：

1. 资源开发和知识管理技术为博物馆教育提供了丰富的数字资源与有效的管理架构；

2. 智能与虚拟现实技术充分释放了学习的体验性；

3. 移动技术极大地展现了学习的非正式特征。

相应的，信息技术在博物馆教育中的创新应用主要体现为：

1. 开放内容与互联网技术等正改变着博物馆及其教育者的角色；

2. 数字内容创作与数字资源编目持续占据着博物馆学习资源建设的极大份额，跨机构合作日渐成为博物馆数字资源建设与发展的重要方式；

3. 参观者日益希望通过移动设备来实现与博物馆的无缝联结。

近年来，在上述发展趋势的影响下，"智慧博物馆"这一概念愈加频繁地出现在博物馆从业人员的视野中。智慧博物馆是基于数字博物馆和物联网、云计算等新技术构建的以全面透彻的感知、宽带泛在的互联、智能融合的应用为特征的信息博物馆形态。在教育层面，则可以将博物馆的这一"智慧"行为和能力理解为"以最具效率和效能的形式，将正确的信息在正确的时间传递给正确的人（What we need is the ability to present the right information to the right people at the right time, in the most effective and efficient form）"。而从所需具备的基础（包括数据基础和信息服务能力）而言，智慧博物馆的建设通常需要经历三个阶段，即文化资源的数字化→博物馆管理的信息化→博物馆观众服务（教育）的智慧化。因此，就目前大多数博物馆信息化建设的现状而言，通向博物馆智慧教育的路还较为漫长。

尽管在具体的实施层面困难重重

（博物馆教育的创新发展还面临资金、专业人员等方面的诸多困难），但在互联网时代，博物馆的发展趋势日趋明显、不可阻挡，作为博物馆人，我们需要清醒地认识到这一机遇和挑战，并积极地加以面对。

---

① 根据《保护世界文化和自然遗产公约》相关内容定义。

② 维克多·雨果曾这样描述尚博尔城堡："这是一座由仙女和骑士构成的宫殿，包含着一切神奇，一切诗意，一切疯狂。"这里有传奇、有英雄、有史诗。而现在，你只需要一个平板，就可以在这里连接过去和现在，感受弗朗索瓦一世的金戈铁马与纸醉金迷，赴一场奇妙的古堡旅行。

③ 根据2016年美国新媒体联盟的"地平线报告"（博物馆篇）的描述："数字人文技术是指推动人文领域学术发展的数字化和计算化工具，如数据挖掘、可视化、概念图和音视频记录。"

④ 源自武汉大学王晓光教授的相关定义。

⑤ 2018年国际博物馆日的主题——"超级连接（Hyperconnectivity）的博物馆：新方法、新公众（Hyperconnected museums: New approaches, new publics）"

（作者单位：中国民族博物馆）

5G时代打造博物馆"生态圈"的若干路径

李春莲

随着2018年底国家发改委等部门批准联通、电信、移动在13座主要城市试点建设5G网络，5G时代的大门已经向我们敞开，其技术层面的巨大提升，势必给社会各个领域带来巨大变革，对于全国各种类型博物馆的建设和发展也将产生非常深远的影响。本文旨在探索5G条件下，博物馆如何利用技术手段进行规划布局，全面提升博物馆展览和服务的水平，更好发挥功能效用。

一、5G 时代来临及其影响

5G，是指第五代通讯网络。5G并不是在4G基础上做完善提升，而是一场革新换代，是移动网络方面一次质的飞跃。与4G相比，5G有更高的使用速率、峰值速率，更大的连接密度、流量密度，更低的端到端时延，以及更好的移动性。尤其网络速度方面，5G网络峰值速度可达20Gbps，较以往提升几十倍甚至几百倍。信息经济时代，速度就是生产力，因此5G被誉为"数字经济新引擎"，是人工智能、物联网、云计算、区块链、视频社交等新技术新产业的基础，也将为"中国制造2025"和"工业4.0"提供关键支撑。

从技术特点看，5G的推广应用将至少在以下几个方面对博物馆产生深远影响。

（一）传播速度

5G到底有多快？下载一段10G的视频，4G网络需要15分钟，5G网络仅需9秒。5G网络传输能力大幅度提升，超高速、低时延、高移动性的5G网络使各种数据传播不再受时间和空间限制，全国博物馆海量数据的上传、共享、传播从此有了"高速路"。

（二）传播形式

从芯片到操作系统，从传感器到智能手机，从台式机到全身可穿戴设备，5G网络将带动虚拟现实产业高速发展，电影《头号玩家》描述的科幻场景成为现实已经并不遥远，立体、多维、浸入式的信息展现能力将大幅提升，必将推动信息组织形式和内容形态的变革，将来的博物馆，可以更加"千姿百态""纤毫毕现"，更加"引人入胜"。

（三）传播平台

4G移动互联网时代，APP创造了面向移动终端的"超级入口"。5G将进一步扩大这一入口的广度和深度，用户和内容的交互几乎不受速度和流量的限制，个人与个人、终端与终端、个人与机构的互动和联系更加高效，最终形成符合5G终端特性和网络特征的信息组织形式，比如依托不间断的、实时在线的高清视频流交互，制造新的媒体平台，给博物馆打造面向全球的"超级门户"提供了机遇。

（四）传播内容

随着5G技术推广和网络终端不断升级，大数据的分析、处理、应用将从传统的服务器扩展到终端，大数据也能"私有化"，音频、视频、日志、图片、地理位置信息等数据的处理，也将从按类别转化为综合兼容，信息传播的核心资源将从内容、渠道转变为数据本身。各博物馆本身都有大量宝贵数据，但都处于分散、静态、原始状态，5G时代，广覆盖的物联网、多样化的传感器共同为数据的采集、传输提供了更为便捷的途径，博物馆数据综合利用的时代即将来临。

二、建立博物馆"生态圈"的必要性

博物馆首要职能是公益性，博物馆必须吸引更多人走进博物馆，让人们欣赏艺术、陶冶情操、感受历史，培养民族认同感、激发爱国热情才是博物馆生存和发展的根基。传统博物馆的弊端和现代博物馆的经验告诉我们，必须紧跟时代发展和观众需求，充分利用5G时代来临这一契机，打造博物馆立体、多维、良性发展的"生态圈"，把博物馆变得让人们愿意看、看得懂、喜欢看，从而促成博物馆"传播文化知识、开展爱国教育、提升科学水平"等核心目标的实现。

（一）利用"科技＋文化"，让文物"活"起来

传统意义上，博物馆是收藏主体，各博物馆普遍偏重研究与收藏功能，这种定位，导致观众走进博物馆看到的都是"沉默"的藏品和文物，配套的说明文字或图片也非常刻板，脱离了信息时代人们获取资讯的习惯。2018年，中办、国办联合印发《关于加强文物保护利用改革的若干意见》，这是中央出台的一份指导新时代文物保护利用的纲领性文件，是对文物保护利用改革的全方位制度性供给，突出体现了让文物"活"起来的制度导向。近些年，一些博物馆利用现代科技进行尝试和创新，建立门户网站，利用微信、微博或APP吸引用户，但除了比较有实力的国家级博物馆外，大多数"线上博物馆"成效并不明显，原因是独立建设、不成体

系，受众面小、内容空洞，维护乏力、更新缓慢，并没有造成多大的影响力。5G、"互联网＋"、大数据，是让文物不再"沉默"、重获新生的巨大机遇，博物馆应运用互联网思维，更具开放意识和创新意识，综合运用高科技手段对"静止"的文物进行数据采集、仿真，并以视频、游戏、文化创意产品等多种形式展现，用既有信息创造新的信息产出，增强公众与文物的互动，实现"让文物活起来"的目的，才能更好弘扬社会主义核心价值观和优秀传统文化。

（二）融合"科技＋趣味"，与观众"连"起来

2018年"国际博物馆日"的主题为"超级连接的博物馆：新方法、新公众"，这说明与观众的连接已经成为博物馆行业极其重视的方向之一。据不完全统计分析，截至2018年12月，我国网民中使用手机上网的占89%。利用手机、平板、可穿戴设备等移动终端实现博物馆与观众的连接，是信息时代发展的必然。

信息时代，人们的兴趣爱好、思维方法、娱乐方式都在发生变化，5G网络下，这种变化更趋于强化。目前，很多博物馆仍未能紧跟观众需求，展览陈列方式囿于传统，不能突出展览的生动性与趣味性；展览设计只注重业界的分类和展示方式，未从观众兴趣和社会热点着手；有些博物馆即使应用了声、光、电等现代技术手段，但营造氛围生硬、融合度不够，发挥效果有限。因此，博物馆尽管在文化信息方面具有得天独厚的优势，但展览缺乏吸引力，难以吸引人们走进博物馆。

5G时代，传媒形式深刻变革，吸引观众的手段将异常丰富，博物馆要具备共享思维、流量思维、品牌思维，无论是活动、陈列还是讲解，必须摒弃静态固定的展示方式、千篇一律的陈列设计，从内容到形式都应该得到改观，增加文化情趣和娱乐成分，从而促使博物馆的陈列向生动性、趣味性方向发展，提高博物馆的服务

水平，满足群众的不同层次需求。

（三）依托"科技＋数据"，让展示"炫"起来

人们普遍对于博物馆"信息"有着浓厚兴趣，但传统方式下，博物馆在吸引观众与文物保护之间，存在着难以调和的矛盾，展柜、围栏少了，观众离得近了，文物容易遭到破坏；保护措施多了，将观众"拒之千里"，阻止了人们对"信息"的获取，参观意愿大大降低。信息网络时代，各种各样的智能终端设备得到广泛使用，信息传播方式网络化，信息展现方式多样化，博物馆数据的传播和分享有了全新的渠道。

博物馆数据主要包括四个方面：一是博物馆藏品经过长年累月的数据收集和统计，筛选后所得到的基础数据储备；二是由观众在参观时的行为所构成的系统数据；三是社会社交网络广泛应用所产生的未经过处理和筛选的数据；四是博物馆工作人员在日常工作中收集到的有用数据。所有这些数据，都可以利用5G、移动互联网、云计算、大数据等现代信息技术进行综合利用，建成"数字博物馆""智能博物馆"甚至"智慧博物馆"，可以根据观众需求和习惯推送博物馆数据，让观众能够个性化浏览博物馆的网上虚拟展厅和高清文物展示，让博物馆通过5G网络走进千家万户，融入人们的日常生活，真正做到把博物馆带回家。

三、利用5G打造六位一体的博物馆"生态圈"

打造博物馆"生态圈"，就是充分利用5G等现代信息技术，全方位重塑博物馆的展现方式、沟通渠道、品牌形象，营造适应信息化时代的博物馆良好生态和良性循环。具体来说，分六个方面。

（一）汇聚博物馆数据资源，共享"超级博物馆"

博物馆是一个国家、一个民族宣传其文明成就和发展水平的重要窗口，也是社会公众教育、科学研究、休闲娱乐的重要场所。我国有各种博物馆4200多家，馆藏文物约3500多万件，每年举办展览约2万项，接待观众达6亿人次，资源丰富、潜力巨大。但这些博物馆自行发展、各自为政、藏品分散，没有形成合力。新时代，要发挥博物馆的功能作用，特别是在实现中华民族伟大复兴、大力建设"一带一路"的背景下，要展示中华文艺、传播中华文明、复兴中华文化，应当聚合全国博物馆资源，打造线上共建、共享、共用的"超级博物馆"，形成一个整体门户，面向国内国外开放。

"超级博物馆"在本质上是全国博物馆的数据共享中心。5G时代，每个移动终端都可以采集、展示数据，以大数据的思想进行文物数字化，使全国博物馆数据共享和数据获取成为可能。"超级博物馆"可以汇聚、管理和共享的博物馆数据资源主要有六大类：一是文本类，以文字为媒介的藏品介绍、人物介绍、历史资料、专业词典、新闻、评论、图书、期刊、手稿、乐谱等；二是图片类，如文物照片、历史人物图片、手稿、文献、拓片、书法、绘画、壁画、雕像等的照片等；三是音频类，如展览讲解、藏品说明、传统非遗戏曲音乐风采、学术会议录音等；四是视频类，如考古现场视频、文物修复视频、博物馆论坛专家学者的专题讲座和学术报告等；五是仿真模型类，包括采用扫描技术和建模方法构造的文物、建筑、场景仿真模型等；六是动画类，如介绍博物馆展品及历史相关知识的动画动漫。上述资源，都可以通过"超级博物馆"这样一个共享的网络平台，随时随地传播给广大社会公众。

"超级博物馆"的核心是数据，目标是共享。首先，要从国家层面统一牵头，统一平台、统一标准，集中建设管理，才能最大限度实现资源共享；其次，要全方位采集全国文物、古建等基础数据，做好

数据的归档工作，只有精确管理数据，才能更好发挥大数据的价值；再次，要从博物馆和文物工作特性出发，利用人工智能等技术科学处理数据，进行数据的分析、筛选、研究，最终建立一套适合的数据处理模型。

在这方面，国家已经有了探索。比如，2014年6月上线的全国可移动文物信息登录平台。该平台设在国家文物局数据中心，由国家文物局普查办统一管理，包含信息登录、藏品管理、成员管理、平台管理、信息发布、技术支持等六个主要模块，提供收藏单位和藏品信息、图像的标准化采集填报、导入、校验、复制、报送审核和检索、查询、统计分析等功能，支持全国2万多家收藏单位、20万专门用户根据账号及管理权限，按照实名制方式对藏品进行在线登录和动态管理。

又比如，长三角地区逐步打通融合博物馆教育资源，成立长三角博物馆教育联盟，建立统一平台，面向公众开发更加优质的公共教育活动，该地区的博物馆活动都可以在平台上预约。其结果就是，在资源碰撞中产生"脑洞大开"的展示设计：比如上海博物馆和浙江自然博物馆看似毫无关联，如今正开发"从绿水青山到青绿山水"的公教活动，观众可以在上博体验半天青绿山水艺术课程，下半天再去浙江安吉的大山里认识人和生态的关系。

（二）树立博物馆个性品牌，打造"网红博物馆"

博物馆品牌是指以博物馆名称为载体，全面反映博物馆外延内涵、整体形象、内部文化、管理理念、服务能力等无形资产的综合体，能够向观众传输博物馆价值观和博物馆个性化信息。

良好的品牌形象，对于博物馆发展大有裨益。一是提高知名度，增强吸引力。博物馆有了独特的文化内涵或人文定位后，博物馆品牌就会形成，知名度越高，品牌的价值、地位、感召力就越高，观众的忠诚度和信任度越强，社会影响力越大。二是形成地理名片，推介历史文化。博物馆是各国文化的重要组成部分，不仅实现其自身功能（教育、收藏、研究等），更承担着推介所在城市及所属国家的责任。欧美国家和城市的旅游手册和相关网站，一般会在显著位置介绍当地著名博物馆，作为展示自己历史和文明的一张非常重要的名片。三是提高经营效益，壮大发展实力。打造博物馆品牌，在吸引更多观众获取知识的同时，能促进文化创意产品的销售，收益能反哺公益性功能发挥，还有利于博物馆与各种经济体合作，开展赞助冠名、发布广告等活动，达到互惠互利的目的。

网络时代，品牌效应演变为IP文化。IP（Intellectual Property）表义是知识产权，实质是网络上的流行文化品牌，只要有一定的粉丝基础，一个故事或形象都可以投拍成电影或电视剧，成为受大众追捧的IP，转化为流量经济。IP热潮催生了以"文学—影视—音乐—游戏"为主体的产业链，以及周边产品的开发。以往企业依靠某款单独产品赢得市场，如今更注重可持续利用已有成就的产品或形象，实现持续品牌化。博物馆有丰富的产品和形象资源，包括有形产品资源，如建筑、藏品、文化创意产品、人物，以及无形产品资源，如历史故事、展览、展演、讲解、文化活动、文物鉴定鉴赏等，都是宝贵的IP资源，博物馆可以利用这些资源转化为IP，吸引潜在观众和用户，开拓博物馆的品牌价值。

在博物馆品牌建设中，最重要的是如何将产品转化为IP或品牌。产品是品牌的基础，没有好的产品，品牌将无法存在和持续。国内很多博物馆都具有特色展品、优秀的建筑、独立定位，但很少转化为优质品牌及知名文化产品，主要是缺乏质量意识、服务意识和宣传意识。博物馆品牌建设要突出产品质量、个性化定位和差异化服务，在市场上树立一个明确的、区别于竞争对手的、符合观众需要的博物馆形象,以博物馆独特的魅力来吸引更多的观众、获取社会效益和经济效益。同时,加强与网络传媒的联系与合作,积极创造新闻亮点,运用广告的投放、宣传语的设计、主题活动等各种形式的宣传推广活动,不断扩大品牌辐射面,吸引媒体和观众的眼球。

在《2019中国品牌500强》上榜品牌中,故宫博物院以80.58亿元的品牌价值位居最具价值品牌第147位,居文化传媒行业入选品牌第三位,是名副其实的"网红博物馆"。故宫博物院的品牌价值,正是利用"互联网+",将故宫文化和文创产品打造成一系列的具有IP效应、依托网络创造性传播的巨大成果。比如,腾讯与故宫开创互联网科技与传统文化IP合作的新模式,邀请青年偶像歌手将《千里江山图》谱曲唱歌,当天视频播放量超过3400万。5G时代,理论上所有上网终端用户都可能成为博物馆受众,这为打造博物馆品牌提供更广阔的舞台。

(三)重构博物馆展现形式,构建"虚拟博物馆"

虚拟现实技术出现后,各行各业都有广泛应用,要求也越来越高,只有视觉体验已远远不够,让人"身临其境"成为虚拟现实技术的发展方向。5G网络环境下,移动虚拟现实和沉浸式视频的分辨率能够达到人眼的分辨率,听觉和肢体感觉等都会有沉浸式体验,人机交互方式的"虚拟现实"成为可能。全新的虚拟现实将完全摆脱传统的头盔显示器、数据手套、数据衣等常用交互设备上的空间传感器,与自然环境中真实的具有物理属性的虚拟模型进行交流,实现更自然、和谐、拟人化的人机界面,这些虚拟现实和沉浸式体验将使博物馆产生翻天覆地的变化。

1. 数字文物

AR技术,即增强现实技术,它将存在于现实生活中很难体验到的实体信息通过高科技手段,运用数字化方法,模拟仿真后再叠加,将虚拟的信息应用到我们的真实世界,让公众来感受,引发其浓厚的兴趣,从而达到超越现实的感官体验。利用AR技术,博物馆可以获取所有馆藏文物三维数据信息并进行模型重建,把藏品的三维形状、色彩、图案和质地毫无保留地重建出来。

利用5G网络,手机屏幕就可以将虚拟文物全方位展现在用户面前,各种细节"纤毫毕现",甚至可以"随心所欲"地将虚拟文物拆解,查看内部结构,再辅以各种丰富的介绍信息,使之更加丰富易懂和通俗化,完全能够弥补人们在博物馆只能对实物"作壁上观""望而兴叹"的遗憾。

在文物"数字化"方面,故宫博物院已经遥遥领先,在网上开放了有186万多件文物的"数字文物库",不仅涵盖了故宫博物院所有类别的文物,同时影像精度高,可放大观看局部细节。同时,检索功能可以让用户按名称、朝代、类别筛选检索,个人感兴趣的文物可以收藏并分享,不仅能够帮助在文物研究方面的专业人士,还可以帮助广大的文博爱好者激发灵感,以自己的方式在文物宝库中玩出花样,玩出新意。

2. 展陈虚拟

目前博物馆进行数字化展陈,一般是在展示中加入多媒体查询系统、投影视频、影像技术、数字讲解技术等数字化展示手法,形成博物馆陈列的声、光、电,文字、照片、视频、影像等的立体表现方式。传统单一的静态展览方式植入动态画面,依靠讲解员讲解或自主观展方式,普及数字点播讲解,的确能够增加观众的观展兴趣,提高观众对展品的理解,活跃观众情趣,但这种方式已经跟不上时代的变化。

5G网络条件下,MR混合现实技术将成为博物馆数字化展陈的主要技术。混合现实技术是虚拟现实技术的进一步发展,它既包括增强现实,又包括增强虚拟,是合并现实和虚拟世界而产生的新的可视化环境。它的实现需要在一个能与现实世界各事物相互交互的环境中，通过在现实场景呈现虚拟场景信息，在现实世界、虚拟世界和用户之间搭起一个交互反馈的信息回路，以增强用户体验的真实感。有了这项技术，人们参观博物馆（尤其是古建或遗址类博物馆）时，裸眼看到的是原汁原味、古色古香的原始风貌，仿佛穿越时空回到古代，一旦戴上"眼镜"和耳机，各种数字化的说明就浮现眼前：各种虚拟标识牌、出入口、各类文物或建筑的详细的语音和文字说明，甚至包括室内温度湿度、空气质量等信息和3D步行导航等，带来虚实融合的全新体验，使陈列展览的主题更加丰富完整，使陈列展览的形式更加新颖生动，大大激发观众观展的积极性和参与性。

3. 服务虚拟

5G时代，作为最重要的智能终端，如何利用手机为观众提供服务，是博物馆面临的重要课题。目前，很多博物馆都建立了自己的APP，为观众提供各种服务，包括介绍馆藏文物、开放时间、票务政策、导览地图、地理交通、游览须知、展览信息、活动讲座、虚拟地图、电子沙盘等，如同可移动的"掌上博物馆"，但这些都是常态化的服务。5G网络下，博物馆还可以继续不断创新，为观众提供个性化的服务，让观众随时、随地、随需获得自己想要的信息。

目前，我国大多数博物馆都建立了网站、微博、微信等官方社交媒体、智能导览系统等，观众在使用这些交互媒体的同时，能够产生大量的行为数据，例如观众喜欢什么类型的展览，喜欢哪个年代的藏品，参加了博物馆的何种活动，在博物馆的网站与官方媒体上查看了哪些页面等，可以将云计算技术运用在博物馆中，对收集到的与展馆相关的数据进行整理、分析、汇总、管理等，建立成动态易扩展且经常虚拟化的资源，用户可以根据个人需求进行动态调整并使用数据，同时也提升

了博物馆服务观众的能力与效果。

（四）发展博物馆文创产品，促建"创意博物馆"

文化创意产品，是博物馆的先天优势，也是博物馆吸引观众、创造品牌、连接用户的重要载体。2016年3月，国务院印发《关于进一步加强文物工作的指导意见》，就大力发展文博创意产业作出重要部署，要求"深入挖掘文物资源的价值内涵和文化元素，调动博物馆利用馆藏资源开发创意产品的积极性，以创新创意为动力，以文博单位和文化创意设计企业为主体，开发原创文化产品，打造文化创意品牌"。信息化时代，网购成为主流：淘宝2018年销售量高达5万亿元，每个月有6亿名用户活跃在淘宝上，如何利用网络开发、销售、传播文化创意产品，是每个博物馆面临的重要任务，很多博物馆已经颇有建树。故宫博物院的文创产品已经在网上形成了完整体系，年销售额突破10亿，成为人人皆知的知名品牌。2018年，上海博物馆配合"大英博物馆百物展"设计开发的文创产品成为年度热点，160多种文创产品涵盖衣食住行各方面，累计销售额达1700余万元。中国国际文化产业博览交流会、博物馆及相关产品与技术博览会等各类主题性的展览会也如火如荼，产生了社会效益与经济效益。发展博物馆文创产品需要很多方面协同配合，但主要应注重以下几个方面：

1. 重视文化内涵

博物馆开发文创产品的根本目的是介绍和传播文化，而不是营利，因此首先要围绕博物馆自身及周边文化，推动博物馆的"展品""藏品"向"商品""产品"转化，这样在观众带回产品后，还可以起到宣传博物馆的作用。与文化内涵相匹配的，是产品的质量，绝对不能粗制滥造，不仅影响文创产品的销售，更严重的，是将重创博物馆的品牌形象。

2. 注重创意设计

文创产品不能是对文物单纯的仿制，

要将文物的精髓保留住的同时，符合现代人的审美，契合现代人的生活方式。现阶段，博物馆文创产品的开发同质化现象严重，创新能力缺乏，根本不能够刺激游客的消费欲望。博物馆的文创产品更应该突出内涵、样式更有新意，能巧妙地将传统文化与现代工艺相结合，才能吸引人们的注意力。比如台北"故宫博物院"推出的"朕知道了"纸胶带，北京故宫博物院推出的御前侍卫手机座，苏州博物馆推出的唐伯虎、文徵明系列产品，就是创意非常优秀的产品。

3. 注重用户需求

博物馆文创产品要接地气，最主要是了解现代人的需求，正如故宫博物院原院长单霁翔所说："现在我们懂得了要研究人们生活需要什么，大家碎片化时间怎么利用，还要挖掘自己藏品的信息，把藏品信息和人们的生活需求联系起来，才能出文创产品。"据统计，淘宝"00后"用户群体中，女孩搜的最多的是"口红"，男孩是"潮"，这也为"故宫口红"的爆红提供了线索。同样，敦煌研究院注重用户个性化需求，开发的"敦煌诗巾"，提供了敦煌最具代表性的藻井图案供用户选择，用户可以DIY专属的敦煌丝巾，上线不到一个月就出售超过20万件。

4. 注重营销方式

博物馆可以利用自身的官方网站，设计相关的文化创意产品营销专栏，进行产品的网络营销，与淘宝、京东等一些网络营销平台合作，在网络上建立博物馆的官方网上经营店面，也可以采取手机APP推广的方式，通过手机软件进行信息交互，让消费者可以在手机上获取相关知识，同时可以在手机端购买产品，开发全新的文化创意产品营销方式。

（五）重视博物馆视频传播，推广"可视博物馆"

网络速度和带宽的变化，影响着人们交流的内容和方式。"2G时代发文字，3G时代看照片，4G时代玩视频"就是这种演进趋势的生动描述。随着5G时代的到来，超高速率、超低时延、海量连接，4K甚至是以后的8K，都可以用5G技术来显示传播，各类视频应用将成为重要的互联网应用，而在社交网络领域，视频内容将取代文字和图片成为主流。与文字、图片相比，视频更打动人，更让人回味无穷，因为视频是动态的；视频含有更多的信息量，表现更丰富、生动和直观，不仅涵盖了图片、文字、语言、神态、动作等元素，还能表现图文所不能表现的感觉，比照片更真实。对博物馆而言，利用视频进行传播有4种应用场景。

1. 短视频

短视频社交应用之所以受人们追捧，是因为短视频所具备的碎片化属性更符合智能手机用户的观看习惯，尤其有利于移动互联网大发展背景下用户在碎片化时间的分享传播。根据抖音发布的数据，2018年底抖音国内日活跃用户数2.5亿，而到2019年7月，日活跃用户数已经超过3.2亿。博物馆可以依托短视频的庞大用户群体，发起游客短视频的征集和评选活动，将文物、建筑、展陈等在短视频平台上进行发布，宣传和推广博物馆。

2. 长视频

5G时代，网络可以播放超高清视频，博物馆可以打造高清的文物纪录片或精品，让观众很直观地感受传统文物的美好。2016年播出的《我在故宫修文物》获得了当年的优秀国产纪录片奖，该片不但展示了文物的巧夺天工之美，也展示了文物工作者的高超技艺和艰辛，对于人物了解文物和文物背后的故事起到了非常明显的宣传作用。

3. 高清直播

4G时代，网络直播成为一个新兴行业，但受网速限制，画面不流畅不高清，影响直播效果。5G网络下，直播能够真正高清并且实时，户外直播成为可能，使人们更完美地体验"现场感"。博物馆可以依托平台，对举办的大型活动、专项展览等进行网络直播，不仅可以解决接待能力不足和安保压力，也能让更多的人们足不出户就能观看和感受现场氛围，吸引人们主动关注、了解博物馆，宣传作用将得到更好发挥。

4．视频互动

在博物馆利用视频或直播宣传文化活动中，不能只是把人们看作观众，应当同时增加视频互动功能或环节，可以让观众充分发表意见或评论，增强观众的参与性，让线上博物馆不仅"可视"，也"可评""可聊"，才能激发人们更多参与相关活动的热情。

（六）发展博物馆娱乐功能，营造"趣味博物馆"

苏东海先生在其《博物馆演变史纲》中提出："在文化生活高档化趋势下，一个值得重视的现象就是文化娱乐的需求。高尚的文化娱乐是休息和积累精神再生产能力的积极方式。博物馆是提供高尚文化娱乐、培养生活情趣、满足美感要求的场所，博物馆应该强化这方面的职能。"有专家在北京一所中学抽样调查关于"博物馆在知识与娱乐二者兼顾的条件下，你希望娱乐趣味优先，还是知识教育优先"的问题，近70%的学生选择"娱乐趣味优先"。客观上，博物馆作为一种社会文化教育机构，其教育功能的实现，在很大程度上取决于观众自觉自愿的自发行为，而不是依赖于具有制约性的教育方式或强制性的行政措施。现代生活节奏快、压力大，只有摒弃博物馆严肃、刻板、僵化的

传统形象，把参观博物馆转变成一种快乐有趣的活动，使人身心放松，让人们想进来、进得来，想看懂、看得懂，想参与、能参与，才能吸引人们走进博物馆。

增强博物馆的趣味性有很多种方式，最重要的是要突出"浸入式互动"，就是让观众成为主角，能在活动中最大程度地发挥主观能动性，在参观博物馆的同时，有一种轻松快乐的正面情绪体验。比较可行的方式就是以博物馆藏品或历史为背景，开发一些益智类、策略类、角色扮演类游戏，让用户在玩游戏的过程中，不知不觉学习和了解博物馆知识。这方面一些博物馆已经有了非常有效的实践探索。比如，2018年底故宫打造的《绘真·妙笔千山》便是以故宫藏《千里江山图》为创作蓝本的轻度解谜类游戏，画面考究、制作精良，完美还原古画意境的同时，带给玩家趣味盎然的游戏体验，让玩家在游戏中深切感受中国山水画的特殊魅力。

此外，还可以设计一些能让观众互动和参与的娱乐项目，比如亲子活动、手工艺制作、古乐演奏等，让观众在博物馆里体验展览之外的文化享受。比如，上海自然博物馆开设"自然探索移动课程"，让小观众有机会在博物馆探索自然的奥秘；震旦博物馆推出寻找博物馆中的"十二星座"游戏，把侦探元素加入参观体验，让观众在博物馆里寻找自己的专属星座藏品。

（作者单位：北京历代帝王庙博物馆）

1945年美军航拍北京的忠灵塔

陈　康

在石景山区东部，石景山路北侧有一座俗称疙瘩山的小山丘，它位于八宝山与老山之间前沿的石景山路边，在石景山的诸山中，疙瘩山连名次都排不上，但因为在它的山顶上有一座抗战时期日军所建的神社——忠灵塔而有名，忠灵塔甚至可以被称为北平沦陷时期日军所建的标志性建筑，也正因为忠灵塔是祭奠日军在侵华战争中战死的亡灵，而成为日本侵华战争的罪证。

忠灵塔是日军为了祭奠在中国领土上因侵华战争而战死的日军"亡灵"而设置的，1932年日本关东军为了祭奠"英勇之先烈或战死敌人炮火之下或逢不虑之灾厄，致尸体暴露旷野之虑"决定建造忠灵塔，并鼓吹"忠灵崇拜"，随着侵华战争不断扩大和战线不断延长，日军的伤亡人数也不断增多，为此前日本陆军省在1941年2月颁布了《支那事变作战地塔碑建设指导要领》，规定了建造"参拜亡灵纪念物的四个等级：1.忠灵塔要建在北平、张家口、上海；2.忠魂碑建在天津、太原、石门（今石家庄）；3.华北战迹纪念碑建在北平丰台、八达岭、沧县（今河北沧州）、保定……"

1940年2月21日日军华北方面军依照日本陆军大臣建议，组建了"大日本忠灵显彰会北支支部"具体负责在华北各地修建忠灵塔，1941年日军华北方面军司令部已在北平老山、张家口、天津、太原、石门、徐州、连云港建成了7座忠灵塔，老山的忠灵塔虽名为塔，实际上是一座日式大型神社，是前殿后塔的形制，而高大的忠灵塔建在神社中央，外形为重檐的方形塔，重檐以黑色琉璃瓦覆顶，格外引人注目。

在抗日战争胜利后，忠灵塔被国民政府改建为忠烈祠，1946年清明国民政府在此祭奠张自忠等在抗战中殉国的英烈。由于方塔在解放后已被拆除，加之解放以来，忠烈祠已被改建为"老山骨灰堂"，成为平民百姓骨灰的存放处，其原貌已经有了很大的变化。在1989年由石景山区规划局编写的《石景山区地名志》"忠烈祠"的词条中，刊出了一幅摄于1946年的老照片（图一），照片上是一名站立在忠烈祠方塔前扛枪站岗的国军战士，遗憾的是画面上仅有忠灵塔的上半部分及神社大殿的殿顶，未见忠灵塔的全貌，这张照片已经多次被各种书籍所使用。

图一　《石景山区地名志》中刊出的老山忠灵塔老照片

近年来陆续有一批馆藏级的有关北京影像资料亮相，其中有多幅是在1945年10月10日由美军第89海军航空联队拍摄的老山忠灵塔的照片，从照片拍摄的不同角度来看，美军的航拍飞机是自西向东飞行时拍摄的疙瘩山，让我们第一次看到了神社的全貌。疙瘩山上忠灵塔有着完整的四方形的围墙，中央矗立着高大的方塔，在东围墙中部还开有一门，可拾级而上（图二）。美军为何要在北京上空拍摄呢？这还要从1945年8月15日说起，这天，日本天皇裕仁通过广播宣布日本无条件投降，中国人民抗日战争胜利了，8月17日天皇向日本国内外的军队发布了"敕谕"，命令日军和平地向盟军投降。总受降在日本东京湾的美国"密苏里"号战列舰上举行，其他的分别在各战区受降。蒋介石作为中国战区总司令在8月18日电令第11战区司令长官孙连仲上将为北平、天津、保定、石家庄地区受降长官。

当时留驻北京地区的日军有华北方面军司令部和其直属部队，驻蒙军司令部，战车第3师团，第3警备队，第3、8混成旅团，伊藤支队，北平地区辅助部队，共有5万余人，还有很强的战斗力。孙连

图二 1945年美军航拍的忠灵塔全貌照片

仲火速在北平设立了前进指挥所，任命副参谋长吕文贞为主任，乘飞机于9月7日先期到达北平，与日军交涉有关受降的事宜。吕文贞到任后立即召见日军华北方面军司令根本博，日方表示会全力负责维持北平治安。

1945年北平的形势十分复杂，无论是政治局势还是军事态势都极不稳定，战争的阴霾仍笼罩在北平的上空。在1937年"七七事变"爆发前后，国民党军已经退出了北平地区，而在八年抗战中，共产党所领导的八路军一直坚持在敌后作战，至抗战胜利前夕，平津地区的周边都已经成为了八路军的根据地，《晋察冀日报》在8月12日报道：杨成武已被任命为天津市卫戍司令，张苏为天津市长。共产党是抗日战争坚持抗日的中坚力量，在敌占区接受日军投降理所当然，但蒋介石却不准日军向八路军投降，此时蒋介石准备发动内战的野心已经昭然若揭了。

为了使日军能够及早投降和震慑在华日军的嚣张气焰，同时也为了配合蒋介石加紧接收、占领在日军控制下的华北各大城市、军事要塞及为国军运送必要的军事装备，美军下令，9月由当时在太平洋的美国海军第七舰队的一艘"安提坦"号航空母舰紧急驰往中国东部沿海，执行护航巡逻任务，9月29日"安提坦"号驶抵天津港，之后于10月5日正式停留在黄海的海面上。

10月9日，孙连仲才从新乡飞抵北平，翌日，北平的受降仪式在故宫太和殿前举行，日军华北方面军司令官根本博中将、参谋长高桥坦中将等22名日方将领向中方受降主官、第十一战区司令官孙连仲投降，参加受降仪式的还有国防部长白崇禧、美军海军陆战队司令骆基、参谋长华顿、英军代表兰赖那、法军代表马克里等。

此时的北平局势十分不稳，为了确保受降仪式顺利进行，美军安

图三 忠灵塔拆除后的街景

排停泊在黄海海面的"安提坦"号航空母舰上的第89海军航空队负责北平上空的警戒。"安提坦"号隶属于美国海军，弦号为CV-36，"安提坦"名字取自美国南北战争期间的马里兰会战中的安提坦战役，这次战役是美国本土作战中死亡人数最多的单日战争。

第89航空联队的本身任务除承担轰炸日军的军事目标之外，还有一项秘密任务——侦察，他们使用的是舰载飞机，机型是SB2C"地狱俯冲者"，这种飞机每一机配备有两名飞行员，一名是驾驶员，另一名则负责导航和射击，同时还兼有摄影的任务。他们使用的飞行摄影仪器是由美国企业家兼发明家谢尔曼·费尔柴尔德发明的K22航空照相机，这种航拍照相机适用于高空侦察拍照，并可随时更换6英寸、12英寸、24英寸的镜头，以及9×9英寸的底片，使用A-5或A-5A的底片盒，每盒可拍摄250帧照片。

航空照相机被称为"云间谍眼"，在二战中美军陆海军航空兵大量装备了费尔柴尔德发明的K-17、K-22、F-56等多种型号的航空相机，这种类型的相机不仅可以进行高空拍摄，而且还具备机载快速冲洗设备，不到5分钟就可以把底片处理为照片。

这批航空照片是从高空进行拍摄的，角度独特，更可贵的是选择在这个时间的节点，具有不可替代的历史价值。在抗日战争时期，北平沦陷了8年之久，日寇对北平城随意改造，建起了一大批与侵华战争有关的建筑，像规划中的"新北京"，也包括了日建的老山忠灵塔，因此日占时期北平的许多地区及建设与此前国民政府统治时期的北平有很大的变化，在抗战胜利后和解放后，很多当年的建筑物，尤其是凡带有日军占领时期具有日本色彩的建筑或被拆或被改建（图三），而这批照片正好摄于新旧时代交替之际，我们今天仍可在这帧照片上清晰地看到老山忠灵塔最原始的原貌。

（作者单位：北京市石景山区文化和旅游局）

《北京文博文丛》2019年总目录

考古研究

博物馆研究